Christine Pichler

Karin Tillisch ▫ Harmonie Pferd und Mensch

für Shadow

Karin Tillisch

Harmonie Pferd und Mensch

Neue Wege zur vertrauensvollen Partnerschaft

Müller Rüschlikon

Einbandgestaltung: Dos Luis Santos
Titelfoto: Ronny Nöller
Foto Seite 3: Roland Erdrich

ISBN 3-275-01490-0

Sie finden uns im Internet unter www.mueller-rueschlikon.ch

1. Auflage 2004

Innengestaltung: NovoTec GmbH, 73765 Neuhausen a.d.F.
Reproduktionen: digi bild reinhardt, 73037 Göppingen
Druck und Bindung: Fotolito Longo, I-39100 Bozen
Printed in Italy

Inhalt

Vorwort

Schon der vielversprechende Titel des neuen Buches **Harmonie Pferd und Mensch** von Karin Tillisch macht neugierig auf den Inhalt.

Die Autorin widmet das Buch ihrem prächtigen Tigerschecken Shadow, der als dreijähriger Wildfang zu ihr kam und bis dahin keine Manieren gelernt hatte. Denn er wuchs ohne Weidegesellschaft auf und lernte in den Prägejahren (den wichtigsten im Leben eines Pferdes) keinerlei Herdenverhalten und Einfügen in eine Rangordnung kennen.

Diese Pferde zu erziehen ist eine große Herausforderung: Viele Pferdebesitzer scheitern daran und geben auf. Nur wenige Menschen sind dazu in der Lage, diesen inzwischen großen und sehr kräftigen Vierbeinern das Versäumte beizubringen.

Karin Tillisch hat es mit übergroßer Geduld, Konsequenz und Verstand geschafft und besitzt jetzt mit ihrem Shadow ein Traumpferd, das mit unglaublicher Intelligenz, Lernfähigkeit und Eifer zum echten Partner wurde.

Diesen langen, mühevollen Weg beschreibt die Autorin und zeigt in vielen klar verständlichen Lektionen, wie der Wildfang über Bodenarbeit, Zirkus- und Tricklektionen zum Verlasspferd wurde.

Ein Pferd, das jeden Tag nur stoisch dasselbe Trainingsprogramm in der Halle oder auf dem Platz abspult, stumpft im Laufe der Zeit ab.

Zirkus- und Tricklektionen jedoch fordern und fördern neben körperlicher Koordination auch ein großes geistiges Fassungs- und Kombinationsvermögen. Karin Tillisch beschreibt Schritt für Schritt, wie man Pferde an diese Art der Arbeit heranführt, die von großem Vorteil ist für eine weitere Ausbildung unter dem Sattel oder vor der Kutsche.

Die Autorin erläutert die für jede Lektion sinnvolle Ausrüstung, zeigt die einzelnen Schritte mit vielen begleitenden Fotos bis zur korrekten Ausführung und schildert, wie die Pferde dabei ihr Körpergefühl erfahren, Defizite ausgleichen und ihre Gliedmaßen besser koordinieren lernen.

Dabei warnt sie vor möglichen Gefahrensituationen, erklärt Schutzvorkehrungen für Mensch und Pferd und beschreibt, wie man Schwierigkeiten meistert.

Der Text ist locker, gut lesbar und leicht nachvollziehbar geschrieben. Viele gute, zum Text passende Fotos helfen, den Inhalt noch besser zu verstehen.

Ich wünsche dem Buch, das nicht nur Zirkuslektionen vorstellt, sondern auch deren großen Nutzen für die Pferde schildert sowie das Ausarbeiten einer publikumswirksamen Show und schließlich den Weg zum erfolgreichen Auftritt in der Öffentlichkeit, eine weite Verbreitung.

Marlit Hoffmann

Warum dieses Buch?

Wieso ein Buch über ein Thema schreiben, mit dem sich viele namhafte Autoren beschäftigt haben?
Ganz einfach: Ich bin von dem, was ich mit meinem Pferd mache, und was ich an meine Schüler weitergebe, absolut überzeugt. Wenn man sich mit seinem Pferd an das Üben von Zirkuslektionen heranwagt, schlägt man einen ganz besonderen Weg ein. Einen Weg, der das Verhältnis zwischen Mensch und Pferd deutlich verändern kann.

Pferdchen streck dich – gerade für Ponys bietet das Einstudieren von Zirkuslektionen und ab und zu ein wenig Gymnastik eine willkommene Abwechslung im Alltag.
Foto: Karin Tillisch

Außenstehende mögen die Zirkusarbeit mit einem Stirnrunzeln beobachten. Viele sind wahrscheinlich der Ansicht, dass sie nur ein Mittel zum Zweck ist, durch das sich der Mensch auf Kosten des Pferdes profilieren kann. Sicher gibt es Leute, bei denen das auch zutrifft. Der Preis, den das Pferd dafür zahlt, scheint diesen »Show-Akteuren« mitunter ebenso gleichgültig zu sein, wie manchen Reitern, die ihre Pferde nur als »Sportgeräte« betrachten, die irgendwann eben verschlissen sind.
Bringt man seinem Pferd Zirkuslektionen bei, so hat das mehrere Effekte. Man kann hier beispielsweise den gymnastischen Wert, den diese Übungen haben, anführen, wenn sie korrekt ausgeführt werden. Zudem lockert man mit ihnen den Alltag auf und kann die Pferde dabei sinnvoll beschäftigen. Wie bei anderen Formen der Bodenarbeit auch, kann man dabei zudem an kleineren Dominanzproblemen arbeiten.
Meiner Meinung nach wurde bisher wenig darüber gesprochen, wie sehr das Erlernen von Zirkuslektionen dazu beiträgt, dass Pferd und Mensch zusammenwachsen und sich eine echte Partnerschaft zwischen ihnen entwickelt. Natürlich erreicht man diese Partnerschaft niemals mit seinem Pferd, wenn man sich in den Vordergrund spielt oder das Pferd beherrschen möchte. Eine harmonische und vertrauensvolle Beziehung kann nur durch gegenseitiges Vertrauen entstehen. Würden Sie jemandem vertrauen, der nur an Ihnen herummäkelt, Sie tyrannisiert und dem Sie nie etwas Recht machen können?

Natürlich muss die Dominanzfrage an sich geklärt sein, bevor man sich an das Erlernen von Zirkuslektionen heranwagt. Sollte man feststellen, dass man mit dem Pferd an der Hand nicht arbeiten kann, dann muss man noch einmal mit Basis-Lektionen der Bodenarbeit beginnen. Dazu gehört das einfache Führen, das Anhalten und Stehen sowie das Rückwärtsrichten. Es soll weder Ziel dieses Buches sein, aus Ihrem Pferd den nächsten »Mr. Ed« oder »Fury« zu machen, noch sollen Zirkuslektionen der einzige Lebensinhalt für Sie und Ihr Pferd werden. Ich will Ihnen jedoch zeigen, wie Sie Ihr Pferd mit neuen Lektionen motivieren und ihm etwas anbieten können, was ihm Spaß macht. Es sollte auch für jeden Ausbilder eine echte Herausforderung sein, sich an ein neues, faszinierendes Gebiet im Umgang und in der Arbeit mit Pferden heranzutasten.

Ich betrachte Shadow nicht als meinen »Leibeigenen«, sondern als meinen Partner, daraus entstand für unsere Auftritte auch der Name Shadow-Show-Team.

Zirkusarbeit ist nichts Neues – es gibt viele namhafte Ausbilder, die erfolgreich auf Veranstaltungen auftreten und es wesentlich weiter gebracht haben, als ich es vielleicht jemals kann (oder anstrebe).

Es war nie mein Anliegen, ein Showpferd auszubilden, aber die Zirkusarbeit war das Gebiet, an dem ich Shadows Interesse wecken konnte, hier war er mit all seinen Sinnen dabei und machte eifrig mit. Seither betreibe ich Zirkusarbeit mit großer Freude und viel Respekt vor den Pferden. Die freudige Leistung meines Pferdes hat mir unheimlich viel zurückgegeben. Mittlerweile kennt Shadow 40 Trick-Lektionen, sieben Gangarten und drei Reitweisen und ich war mit ihm Gast zahlreicher Shows. Aber das wichtigste für mich ist die Tatsache, dass ich zu ihm eine echte Partnerschaft aufbauen konnte.

Herrscht wirklich absolutes Vertrauen zwischen Pferd und Mensch, so bleibt dieses auch in »Ausnahmesituationen« – wie hier in einer Show mit Kindern – erhalten.
Foto: Karen Weber

Ich freue mich jeden Tag aufs Neue auf mein Pferd. Sobald mich Shadow mit dem Halfter kommen sieht, kommt er mir freudig und in aller Ruhe entgegen. Er kommt gar nicht auf die Idee, vor mir davonzurennen. So sollte es eigentlich jedem Pferdebesitzer ergehen.
Ich sehe sehr gerne Reitern bei der Arbeit mit ihren Pferden zu. Man sieht sowohl den Tieren als auch den Menschen sofort an, ob sie glücklich mit ihrer Situation sind. Schade finde ich es, wenn beide signalisieren »hoffentlich sind wir bald fertig!«.
Früher ging es mir selbst so. An meine erste Zeit, als ich zu Reiten begann, erinnere ich mich nur ungern. Anstatt Freude am Reiten zu entwickeln entstand bei mir – nachdem ich in den Reitstunden mehr am Boden als auf dem Pferd saß – ein regelrechter Widerwille. Ich konnte mir irgendwie nicht so richtig vorstellen, dass das, was wir da in der Reitschule tagein tagaus fabrizierten, schon alles war. Reiten und der Umgang mit Pferden schien für mich nur aus Kraft und Kampf auf beiden Seiten zu bestehen. Und natürlich aus großem Misstrauen und teilweise großer Angst. Ich pausierte einige Jahre und sah mir diese Tiere lieber nur noch an. Erst durch Zufall kam ich über einen Bekannten wieder zu den Pferden. Als ich später bei einem Seminar Dieter Hämmerle mit seinem Hengst »Hollywoods Lead Man« reiten sah und mit ihm ins Gespräch kam, beschloss ich, es noch einmal zu versuchen. Ich begann mich durch Dieter Hämmerles Faible für das Showreiten und das Üben von Zirkuslektionen, ebenfalls für diese Art der Ausbildung zu interessieren. Schließlich kaufte ich mir ein junges, gerade angerittenes Pferd. Ich hatte es gesehen und ich wusste: dies Pferd oder keins. Es stand damals von oben bis unten verdreckt in einem Paddock, zum

Das Liegen wirkt auf das Publikum eher unspektakulär, ist aber die Schlüssellektion zum ultimativen Vertrauen. Durch sie wird die Harmonie zwischen Pferd und Mensch sehr deutlich.
Foto: Karen Weber

Zerreißen gespannt vor Neugierde. Das gefiel mir. Leider merkte ich schnell, dass mein Shadow zwar unglaublich charmant war, aber sich auf gar keinen Fall unterordnen wollte. Ernsthaftes Training? Leistung? So etwas kam für ihn nicht in Frage und er setzte sich mir gegenüber deutlich zur Wehr.
Aber trotz all der anfänglichen Probleme, wurde der Kauf dieses Pferdes zum größten Glücksgriff, der mir bisher gelungen ist.
Gut ein Jahr machten weder Shadow noch ich wirkliche Fortschritte. Von einer vertrauensvollen Partnerschaft konnte man bei uns anfangs nicht sprechen. Bis ich Shadow dann an einem kalten Wintertag im Jahr 2000 beim Üben der Zirkuslektionen, mit denen ich kurz davor begonnen hatte, mehr oder weniger versehentlich »hinlegte«. Besser gesagt – er hielt es damals wohl für den Einfall des Jahrhunderts, sich aus dem Knien einfach hinfallen zu lassen. Und da lag er dann und sah mich mit großen Augen an. Ich setzte mich einfach neben ihn und streichelte ihn. Mit einem tiefen, zufriedenen Brummen legte Shadow sich auf die Seite, parkte den Kopf in meinem Schoß und schlief Mitten in der Reithalle ein. In diesem Moment stiegen mir vor Freude die Tränen in die Augen. Was kann ich von einem Pferd mehr erwarten, als dieses grenzenlose Vertrauen?
Das war der Wendepunkt in unserer Beziehung, denn an diesem Tag verabschiedete Shadow sich von seinen Widersetzlichkeiten und wurde langsam zu einem zuverlässigen Partner. Wir trainierten weiter an den Lektionen und konnten mit der Zeit viele spaßige Tricks mit in unser Repertoire einbauen.
Für die Meisten wird sich das sicher sehr »schmalzig« anhören, aber die Arbeit an Zirkuslektionen hat mir die Tür zu Shadows Seele geöffnet.
Ich habe mittlerweile viele Pferde erlebt, die durch diese Arbeit mehr Lebensfreude, Vertrauen in den Menschen und auch großes Selbstvertrauen entwickelt haben.
Ich bin in den letzten Jahren viel mit Shadow herumgekommen. Ich kann gar nicht mehr sagen, wie viele kleinere und größere Auftritte wir hinter uns haben. Das Erlebnis an diesem kalten Wintertag in der Halle, an dem Shadow mir so vertrauensvoll sein Herz anbot, werde ich aber nie vergessen.
Die Auftritte machen großen Spaß und man spürt die Begeisterung des Publikums. Aber im Endeffekt erfüllen sie nur einen Zweck und das ist den Leuten zu zeigen, was im Zusammensein mit dem Pferd möglich ist.
Ich habe mittlerweile den Eindruck, dass Shadow die ihm zu Teil werdende Aufmerksamkeit und Bewunderung regelrecht genießt.

An Auftritte oder gar daran Kurse zu geben, habe ich anfangs nie gedacht. Bis mich Dieter Hämmerle im Sommer 2000 fragte, ob ich mit Shadow etwas bei einem Tag der Offenen Tür vorführen könnte. Ich dachte, es würde bei diesem einen Auftritt bleiben, doch es ging weiter. Der nächste Auftritt war vor 5000 Zuschauern auf einer Westernshow in der Nähe von Saverne, Frankreich. Dort waren solch berühmte Leute wie Jean Marc Imbert mit seinen gigantischen Kosakennummern und Freiheitsdressuren dabei! Mir rutschte damals das Herz bis in die Schuhsohlen, als ich diese riesige Arena betrat. Shadow schien bei diesem Auftritt um gut 10 cm zu wachsen, er machte die Show fast alleine. Ich ließ ihn abknien und war mir fast sicher, dass er durch die vielen klatschenden Westernfans gleich wieder aufspringen würde. Stattdessen legte sich Shadow einfach mitten in die Arena und sah mich mit großen Augen an. Also setzte ich mich zu ihm, er legte mir den Kopf in den Schoß und wir schmusten, während Dieter mit seinem Hengst »Hollywoods Lead Man« eine rasante Reining um uns herumritt.

Auch meinen ersten Kurs habe ich bei Dieter Hämmerle auf der Red Rock Ranch gegeben, so führte irgendwie immer eines zum anderen. Im Dezember 2001 lernte ich Sita Stepper von der Mocha Oak Ranch kennen. Im Sommer 2002 gab ich auch dort einen Zirkuskurs und im Herbst 2002 zog Shadow dann auf die Mocha Oak Ranch um, wo er manchmal sogar beim Training seinen viel geliebten Applaus bekommt.

Wahrscheinlich haben das Einstudieren der Zirkuslektionen und die vielen Stunden, die ich mit meinem Pferd bei Wind und Wetter zusammen verbracht habe, schon etwas damit zu tun, dass aus ihm ein ruhiger und zufriedener Begleiter geworden ist.

Dieses Buch zeigt einen kleinen Teil des Weges, den Shadow und ich zusammen gegangen sind. Ich hoffe, dass Shadows Geschichte auch anderen Pferdebesitzern Mut macht. Denn ich denke, da draußen gibt es noch viele kleine Shadows, die nur darauf warten, dass man ihnen eine Chance gibt, zu zeigen, was wirklich in ihnen steckt!

Egal, welche Erfolge wir mit unseren Pferden erreichen, egal, wie viele Schleifen und Pokale wir nach Hause bringen – ohne unsere Pferde sind wir nichts. Ein Pferd ohne Reiter ist immer noch ein Pferd, aber ein Reiter ohne Pferd ist nur ein Mensch! Dieses Buch soll in erster Linie Ihnen und Ihrem Pferd neue Wege aufzeigen. Vielleicht wird Ihr Pferd nicht alle in diesem Buch beschriebenen Lektionen erlernen – oder für die eine oder andere sehr lange brauchen. Machen Sie sich nichts daraus.

Zirkustricks sind ein wichtiger Bestandteil meiner Zusammenarbeit mit Shadow, aber nicht der einzige. Genauso wichtig sind mir lange entspannte Ausritte, das Westerntraining oder die Arbeit am Langen Zügel. Dieses Buch soll Sie und Ihr Pferd nicht zum »Einspurdenker« machen. Ich schaue gerne auf die andere Seite des Zauns, will sehen, was dort passiert. Auf diese Weise kann man sich Inspiration auf Gebieten holen, die einem bei einem dogmatischen Denkschema völlig verschlossen geblieben wäre. So habe ich viele Anregungen für dieses Buch und für Show-Nummern mit Shadow sammeln können.

Ich beschreibe die einzelnen Lektionen aus der Praxis heraus. Auch die Bilder wurden beim Training aufgenommen. Auf manchen Aufnahmen sieht man, wie die Lektion aussehen sollte. Auf anderen wird gezeigt, wie eine Lektion sich aufbaut oder wie das erste Resultat aussehen kann. Nichts ist demotivierender für mich, als nur perfekte Bilder vorzufinden.

Ich möchte Ihnen diesen Weg aufzeigen, aber gehen müssen Sie ihn alleine. Und gehen Sie ihn so, wie Beppo, der Straßenkehrer aus Michael Endes Buch »Momo«: »Wenn ich die ganze weite Straße vor mir sehe, dann eile ich mich und will so viel so schnell wie möglich machen – und schon bald bin ich ganz außer Puste, aber habe noch nicht einmal die Hälfte des Weges. Wenn ich es aber anders mache: Atemzug und Schritt und Besenstrich. Atemzug und Schritt und Besenstrich. Und immer nur an den nächsten Schritt denke – dann schaffe ich die Straße auch. Und bin nicht außer Atem!«

Das Steigen ist die beliebteste und für das Publikum wohl auch spektakulärste Zirkuslektion. Da sie aber zugleich auch im Training die gefährlichste Lektion für den Ausbilder ist, ist sie in diesem Buch nicht zu finden.
Foto: Karin Tillisch

Shadows Herkunft

Leider ist bis heute nicht klar, wo der Tigerschecke Shadow genau herkommt. Angeblich soll er als Absetzer auf einem Pferdemarkt verkauft worden sein. Jedenfalls landete er im Alter von zwei Jahren auf einem Hof in der Nähe von Mainz, wo er dann bis zum Alter von drei Jahren mutterseelenallein auf einer Koppel stand. Seine einzige Abwechslung waren zwei Hunde, die sich einen Spaß daraus machten, ihn stundenlang über die Weide zu hetzen.

Er entwickelte in seinen ersten Lebensjahren ziemliche Unarten und kam 1998 zur Korrektur und zum Verkauf auf die Red Rock Ranch in Herbolzheim. Schon Shadows Ankunft auf dem Hof verhieß nichts Gutes, denn als die Rampe des neuen Hängers heruntergeklappt wurde, lag der kleine Bursche verkehrt herum da, die Beine durch die Trennwand durchgeschlagen.

Der Dreijährige kannte weder Halfter noch Strick, ließ sich nicht anfassen, ohne regelrecht zu explodieren, und hatte vor Menschen keinerlei Respekt. Dieter Hämmerle, der jahrelange Erfahrung mit so genannten Problempferden hat, arbeitete akribisch mit ihm. Nach einigen Monaten ohne erkennbaren Fortschritt beschloss er, den kleinen Raufbold für eine Zeit in die Gemeinschaft seiner Herde zu entlassen. Er ignorierte Shadow fortan und beschäftigte sich ausgiebig mit den anderen Pferden der Gruppe. Nach fast einem halben Jahr kam es zum Wendepunkt, denn Shadow suchte plötzlich Anschluss bei einem Menschen! Dieter Hämmerle begann erneut mit dem Trainingsprogramm und bald schon trug Shadow seinen ersten Sattel und seinen ersten Reiter. Shadows alte Besitzer wollten ihn nicht zurückhaben und so blieb er auf der Ranch.

Ich hatte mich mittlerweile dazu entschlossen, ein eigenes Pferd zu kaufen. Durch Zufall wurde mir Shadow angeboten und ich kaufte ihn vom Fleck weg. Anfänglich war ans Reiten mit ihm nicht zu denken und so konzentrierte ich mich auf die Bodenarbeit und das Üben von Zirkuslektionen. Shadow wollte jeden Tag ein anderes Animationsprogramm und ich musste sehr erfinderisch werden. Von Vielen wurde ich für meine »Spielereien« belächelt. Aber Shadow und ich wuchsen immer mehr zusammen.

Die guten Resultate kamen natürlich nicht von heute auf morgen. Um genau zu sein verbrachte ich die ersten sechs Monate mit Shadow lediglich damit, ihn davon abzuhalten, mich umzurennen. Er testete einfach erst einmal systematisch, wie weit er gehen konnte, und bis heute respek-

tiert er die Grenzen nur bei demjenigen, der sie ihm aufgezeigt hat. Aber eines ist immer dasselbe: Shadow begegnet jedem Menschen mit großer Neugierde und Freundlichkeit. Ein immenser Sinneswandel für ein Pferd, das früher in Menschen nur ein »lästiges Übel« gesehen hat!
Im Winter 2003 endete dann auch das allseits beliebte Spiel »Rasseraten« bei Shadow. Durch meine Kontakte in die USA wurde ich auf die Tiger Horse Registry aufmerksam, welche sich der Rückzüchtung der so genannten »Himmelspferde« der Antike verschrieben hatte. Die Pferde auf der Homepage sahen Shadow so ähnlich, dass ich beschloss, es zu versuchen. Ich fotografierte Shadow aus nur jedem erdenklichen Winkel und wir verbrachten viele Wochen damit, eine aussagekräftige DVD zu erstellen, welche auch seine Spezialgangarten »Indian Shuffle« und »Spanish Walk« zeigte, die ich bei ihm entdeckt und gefördert hatte. Lange hörte ich nichts aus New Mexico, bekam aber dann die Nachricht, dass Shadow eingetragen werden kann, da er haargenau dem Zuchtziel entspricht. Und so kam es, dass ich plötzlich das erste männliche Tiger Horse in Europa besaß!

Positive Verstärkung und Lob – beides ist unablässig für diese Art der Arbeit. Gewalt und Druck haben hier nichts verloren. Shadow zieht ausgiebiges »Schmusen« sogar jedem Leckerli vor!
Foto: Ronny Nöller

Die Vorbereitungsphase

Weshalb das Ganze?

Jeder Reiter, für den das Thema Bodenarbeit noch nie eine Rolle gespielt hat, wird sich sicher fragen, warum man seinem Pferd Zirkuslektionen oder gar Tricks beibringen soll. Das sind doch nur Spielereien, die das Pferd weder gymnastizieren noch trainieren.

Da kann ich nur sagen – weit gefehlt! Natürlich sind Lektionen, wie das Apportieren für das Pferd nicht körperlich anstrengend, aber es wird geistig gefordert. Viele Pferde werden durch diese Art der Arbeit wieder »wach« und lernen zu lernen, was bei der für manche wahrscheinlich »ernsthafteren« Ausbildung zum Reit- oder Fahrpferd sehr hilfreich ist.

Doch beginnen wir zunächst mit der Grundidee der Zirkuslektionen. Es ist für mich eine ergänzende Beschäftigung zum normalen Reiten oder Fahren. Der Pferdebesitzer wird auf diese Weise vom Boden aus einen engen Bezug zu seinem Pferd bekommen, was sich dann auch positiv auf die Arbeit unter dem Sattel auswirkt.

Des Weiteren wird es dem Besitzer bei dieser Form der Arbeit mit dem Pferd viel besser möglich sein, dessen Reaktionen und Psyche kennen zu lernen. Ich habe schon viele Pferde gesehen, die unter dem Sattel stoisch ihr Programm abspulen, doch kaum steht der Reiter neben ihnen, erschrecken sie vor ihrem eigenen Schatten oder sie verhalten sich wie »Dampfwalzen« und zeigen keinerlei Respekt

Das Sitzen ist eine für das Pferd recht schwierige und anfangs auch anstrengende Lektion. Das Einüben erfordert viel Einfühlungsvermögen von Seiten des Ausbilders. Wenn es jedoch »sitzt«, dann kann man auch wie hier ein Stückchen vom Pferd weggehen und ein Foto schießen.

Foto: Karin Tillisch

vor dem Menschen. Von den Besitzern solcher Pferde bekomme ich dann meist zu hören »Ist doch egal, solange er gut geht« – also seine Schleifen und Pokale holt.
Es scheint ihnen egal zu sein, dass ihr Pferd keinerlei Manieren hat und Ihnen nicht vertraut. Und ob es seine Arbeit gerne macht sieht man zu Hause im Pokalschrank ja schließlich nicht ...
Aber ich kenne zum Glück auch andere Reiter, teilweise sehr erfolgreiche, die sich für diese Art der Arbeit mit dem Pferd interessieren. So beispielsweise Sita Stepper mit ihrem Quarter-Hengst »Docs Smokey Dry«, einem sehr erfolgreichen »Allrounder«.
Smoke beherrscht nun neben den Turnier-Disziplinen Superhorse, Reining, Trail, Horsemanship, Pleasure und Western Riding auch das Kompliment, Liegen, Sitzen und die Arbeit am Podest. Und es ist eine Wonne zu sehen, wie der clevere Hengst auch bei dieser Arbeit mit vollem Eifer dabei ist.
Kurzum kann man sagen: Trickarbeit mit Pferden fördert deren geistiges Fassungsvermögen. Ein Pferd, das jeden Tag nur stoisch dasselbe Trainingsprogramm in der Halle oder auf dem Platz abspult, »verblödet« im Laufe der Zeit. Es ist doch klar, wer sein Pferd durch einseitiges Arbeiten zur Maschine degenerieren lässt, der hat am Ende auch nur noch genau das: eine Maschine, die nur das abspult, was man ihr einprogrammiert hat und nicht in der Lage ist, weitere »Programme« aufzunehmen!

Der größte Erfolg des Lehrers ist, wenn seine Schüler besser werden, als er selbst. Silke Teuber mit ihren Ponys Max und Charly Brown – das Resultat eines Tageskurses. *Foto: Karin Tillisch*

Zirkus- und Tricklektionen jedoch erfordern neben körperlicher Koordination auch ein großes geistiges Fassungsvermögen und – in den höheren Lektionen – auch ein hohes Kombinationsvermögen. Wer sein Pferd also Schritt für Schritt an diese Art der Arbeit heranführt, der hält es geistig rege, was bei der Ausbildung und Fortbildung unter dem Sattel hilfreich sein kann. Zudem schweißt sie Reiter und Pferd zusammen. Besonders das Liegen und Totliegen hat hierbei einen großen Effekt, denn ein Pferd legt sich nur in Anwesenheit derer nieder, bei denen es sich

absolut sicher fühlt. Mit dieser Lektion kann man testen, wie weit einem das Pferd vertraut. Zudem kann man beim Festigen dieser Lektion gezielt Vertrauen auf- und Angst abbauen!
Ein nicht zu unterschätzender Aspekt der Zirkuslektionen ist der Nutzen für den Körper. Viele Übungen verlangen von den Pferden perfekte Balance und Ausdauer. Des Weiteren können verschiedene Lektionen dabei unterstützen, körperliche Defizite auszugleichen oder zu verbessern. Beim Kompliment werden die Beinmuskeln und die Hinterhand aktiviert, beim Knien Bauch und Hinterhand, bei der Lektion End of Trail wird der Rücken aufgewölbt, beim Sitzen wird der Rücken entspannt und die Bauchmuskeln angespannt usw.
Besonders unbeholfene oder zappelige Pferde können durch diese Art des Trainings immens an Körperbewusstsein gewinnen. Man könnte es mit menschlichen Bewegungsschulen wie rhythmischer Sportgymnastik, Tai Chi oder dem Tanzen vergleichen. Das Pferd lernt durch diese Lektionen seine Gliedmaßen besser zu koordinieren und setzt dabei Muskeln ein, die in der herkömmlichen Reiterei nur wenig gefordert oder schwer zu trainieren sind – wie beispielsweise die Hinterhand. Ich habe Shadow fast zwei Jahre lang täglich sowohl an der Doppellonge als auch unter dem Sattel trainiert, aber eine schöne runde Hinterhand hat er eigentlich erst, seit er die Genoux Pesade (das Steigen aus dem Knien heraus) beherrscht und ich mit ihm zuvor etwa vier Monate sowohl an der Lektion Bergziege als auch am Podest gearbeitet hatte. Shadows unregelmäßiger Schritt wurde wesentlich besser, als er die Polka und dann den Spanischen Schritt gelernt hatte. Wie Sie sehen, kann man Pferde mit diesen Zirkuslektionen auch gezielt auf die Arbeit unter dem Sattel vorbereiten sowie sich dieser Übungen immer wieder als Ergänzung zum konventionellen Trainingsprogramm bedienen, um gezielt gewisse Schwächen auszugleichen.

Ausrüstung und Umfeld

Für den Anfang empfehle ich ein gut sitzendes Halfter und verschieden lange Führstricke: ein etwa 3-4 m langer Bodenarbeitsstrick, zwei etwa 2 m lange Stricke oder Baumwollzügel und eine etwa 5-6 m lange Seilleine für weitere Übungen. Diese Stricke sollten am besten aus schwerem Baumwollseil sein. Man findet sie im Westernfachgeschäft. Zudem benötigen Sie eine stabile Longe, am besten aus breitem Gurtband und zwischen 6 und 8 Meter lang.

Sie benötigen zusätzlich zwei gleich lange Gerten. Herkömmliche Dressurgerten in einer Länge von 130 cm sind hier geeignet.

Zu guter Letzt brauchen Sie natürlich Leckerlis. Achten Sie aber darauf, dass die Leckerlis keinen zu großen Nährwert enthalten, vor allem, wenn sie großzügig damit umgehen. Vitamin- und Mineralzusätze in den Leckerlis sind nicht nur unnötig, sondern können sich auch empfindlich mit der normalen Futterration stören. Was sich zur Aufbewahrung der Leckerlis bewährt hat, ist ein kleiner, umschnallbarer Kängurubeutel.

Noch ein Wort zum Übungsplatz. Er muss trocken, windgeschützt und vor allem ungestört sein. Eine Reithalle, in der schon fünf Leute reiten und in der zusätzlich noch longiert wird, ist denkbar ungeeignet. Der Hallen- oder Reitplatzboden muss federn, darf aber nicht rutschig sein, sonst kann sich das Pferd ernsthaft verletzen.

»Wann geht es los?« Für diese Aufnahme wurde die Württembergerstute Kiera mit allen Ausrüstungsgegenständen beladen, die man für den Anfang so braucht.
Foto : Karin Tillisch

Sicherheitsvorkehrungen

Zirkus- und Tricklektionen mit Pferden zu üben, kann gefährlich sein. Das habe ich des Öfteren schon am eigenen Leib erfahren. Es wurde immer genau dann gefährlich, wenn ich leichtsinnig wurde.
Natürlich werde ich versuchen, die Ausführung der einzelnen Lektionen so zu beschreiben, dass wir möglichen Risiken und Gefahren aus dem Weg gehen. Aber denken Sie immer daran: Pferde sind große und starke Tiere, die man nicht aufhalten kann, wenn sie sich wirklich etwas ernsthaft in den Kopf setzen. Deshalb bitte ich Sie, beim Einstudieren sehr sorgfältig vorzugehen.
Es gibt einige einfache Regeln, die Sie beachten sollten:

1. Die Ausrüstung des Pferdes muss in gutem Zustand sein und ihm perfekt passen.
2. Der Übungsplatz (Reithalle, Außenplatz, Round Pen) muss fest eingezäunt sein. Es sollten sich keine anderen Pferde darauf befinden.
3. Üben Sie nur auf trockenem und federndem Boden. Die Pferde dürfen nicht rutschen.
4. Tragen Sie festes Schuhwerk oder am besten Sicherheitsschuhe, die auch den Knöcheln entsprechenden Schutz bieten.
5. Kinder sollten nie ohne Aufsicht von fachkundigen Erwachsenen mit ihren Pferden Zirkuslektionen üben!
6. Bei etwas heftigen oder ungelenken Pferden ist es wichtig, ihnen die Beine zu bandagieren oder mit Gamaschen zu versehen, um so Verletzungen vorzubeugen.
7. Arbeiten oder üben Sie nie alleine. Am besten suchen Sie sich einen Helfer, der mit dieser Art des Trainings schon vertraut ist oder sich zumindest selbst dafür interessiert und stets die Ruhe bewahrt!
8. Lassen Sie Lektionen, bei denen Sie ein ungutes Gefühl im Bauch haben lieber solange bleiben, bis dieses ungute Gefühl verschwunden ist, sonst machen Sie Ihr Pferd nur nervös und ein Unfall wäre eher wahrscheinlich.
9. Bevor Sie mit den Zirkuslektionen beginnen, konsultieren Sie Ihren Tierarzt und lassen Sie feststellen, ob das Pferd körperlich dazu in der Lage ist!

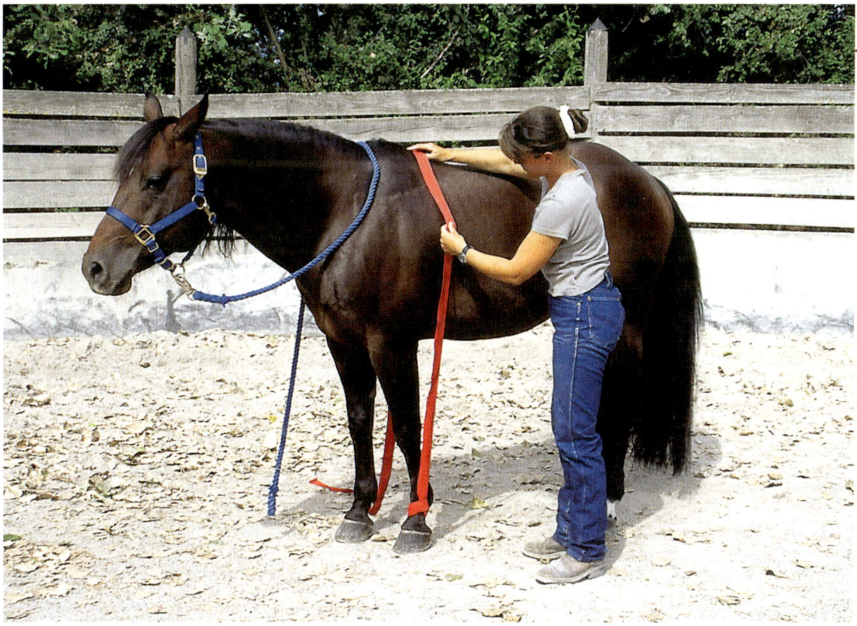

Mit Ruhe und Konzentration bei der Sache – Sita Stepper legt ihrem Hengst Docs Smokey Dry die Fußlonge an.
Foto: Karin Tillisch

Was muss für das Pferd beachtet werden?

Grundsätzlich kann jedes gesunde Pferd ab vier Jahren Zirkuslektionen lernen. Aber wie bei den Menschen gibt es auch bei den Pferden besonders Begabte und besonders Unbegabte.
Die Pferde müssen ausgewachsen sein (bei den meisten Rassen ist das Wachstum im Alter von vier bis sechs Jahren abgeschlossen). Mit gewissen Vorübungen oder einfacheren Lektionen, wie dem Spanischen Schritt, kann man bei »Schnellentwicklern« auch schon im Alter von zwei Jahren beginnen.
Das Pferd darf keine körperlichen Schäden haben, die ihm Schmerzen verursachen oder einen Bewegungsablauf, der für eine Lektion erforderlich ist, unmöglich macht.
Es darf keine Infekte haben, die es schwächen könnten.
Das Tier muss geistig in der Lage sein, die neue Aufgabe zu bewältigen. Ein hypernervöses, aggressives oder sehr ängstliches Pferd kann beim Einstudieren dieser Lektionen sowohl für sich selbst als auch für andere eine Gefahr sein. Bei solchen Pferden empfehle ich, eine Fachkraft zu konsultieren und eventuelle Verhaltensstörungen durch das richtige Training zu lösen und Rangfragen zu klären. Zwar haben die Zirkuslektionen auch einen erzieherischen Effekt, doch das Pferd muss den Menschen grundsätzlich als Führenden respektieren.

Welche Pferdetypen eigenen sich?

Iberische und barocke Pferdetypen eignen sich durch ihr Gesamterscheinungsbild und ihr meist auffälliges Gangwerk ganz besonders. Ihre hohen, akzentuierten Gänge und ihr prächtiges Langhaar fallen auf und begeistern. Ihr im Quadratformat stehender Körper ermöglicht es ihnen, viel Gewicht mit der Hinterhand aufzunehmen. Daher lernen sie die Lektionen über der Erde etwas leichter als »Rechteckpferde«.
Man kann Folgendes feststellen: Je »quadratischer« das Gebäude des Pferdes ist, desto leichter fällt es ihm, sich auszubalancieren und vor allem auch, die Balance zu verändern und das Gewicht zu verlagern.
Auch arabisch getypte Pferde findet man sehr oft in der Manege. Zum einem natürlich wegen ihres anmutigen Erscheinungsbildes und ihrer federleichten Gänge, zum anderen auch wegen ihrer schnellen Auffassungsgabe und hohen Lernbereitschaft. Araber und andere Vollbluttypen eignen sich aufgrund ihres spritzigen Temperamentes und ihrer schnellen Auffassungsgabe für nahezu alle Lektionen, wenngleich die Lektionen

Nahezu jede Pferderasse eignet sich für diese Art der Arbeit. Hier Quarter-Horse-Hengst Docs Smokey Dry von der Mocha Oak Ranch.
Foto: Karin Tillisch

in die Tiefe, wie zum Beispiel das Liegen bei diesen Pferden etwas mehr Geduld bedarf als bei etwas ruhiger veranlagten Pferdetypen.
Natürlich kann man auch Warmblütern Zirkuslektionen beibringen, wenngleich sie sicher nicht dafür gezüchtet wurden. Die meisten stehen im Langreckteckformat und weisen eine gewisse Inflexibilität zur Seite hin auf, was bei bestimmten Übungen etwas schwierig werden kann. Dennoch kann natürlich auch ein Warmblut alle Lektionen über der Erde und in die Tiefe lernen, man darf nur nicht erwarten, dass es dann auch genau so aussieht wie bei einem Barock- oder Vollblutpferd.
Ein Warmblut wird den Spanischen Schritt nicht rund von oben nach unten ausführen, also mit dem Bein quasi einen »Bogen in die Luft schlagen«, sondern eher das Bein in bester »Militärmanier« hinauspfeffern – sieht zwar anders aus, hat aber auch was für sich.

Zirkuslektionen mit Turnierpferden? Auf jeden Fall! Auch Sita Stepper und ihr Quarter Horse Hengst Docs Smokey Dry, zusammen deutsche Meister Superhorse und All Around Champion 2003, versuchen sich mit Erfolg an Zirkuslektionen. Das ist für beide der perfekte mentale und körperliche Ausgleich zum Turniersport.
Foto: Karin Tillisch

Natürlich können auch Kaltblüter, Zirkuslektionen lernen. Dennoch muss man sich hier immer vor Augen führen, dass diese Pferde nicht für schnelle oder akzentuierte Bewegungen gezüchtet wurden und ihr Körperbau auch nicht unbedingt auf rasante Lektionen ausgelegt ist. Lektionen »in die Tiefe« jedoch, wie das Liegen, Knien und Kompliment stellen auch für diese Pferde keinerlei Problem dar. Kaltblüter sind zwar eher bekannt dafür, dass sie etwas langsamer lernen als Vollblüter, aber wenn eine Lektion mal sitzt, dann sitzt sie auch.
Ponys lassen sich von ihrer Eignung her nicht generell bewerten. Die meisten Ponys sind jedoch ausgesprochen lernfreudig, pfiffig und wahre Improvisationskünstler.

Mit Ponys lässt sich sehr gut an Zirkuslektionen arbeiten. Sie lernen meist erstaunlich schnell und machen gerne mit. Des Weiteren kann man die kleinen Rabauken auf diese Weise sinnvoll beschäftigen, wenn sie beispielsweise aufgrund der Größenverhältnisse nicht geritten werden können.
Foto: Karin Tillisch

Was ist für einen selbst wichtig?

Auch der Mensch muss sowohl einige körperliche als auch geistige Anforderungen erfüllen, wenn er mit seinem Pferd Zirkuslektionen einstudieren möchte.
Er muss in der Lage sein, auch ungewohnte Körperhaltungen und Belastung längere Zeit durchzuhalten: stützen, drücken, beugen, strecken. Blockaden und Beschwerden in den Gelenken oder in der Wirbelsäule können hierbei sehr hinderlich sein.
Man muss auf keinen Fall besonders stark sein, aber man sollte durchaus in der Lage dazu sein, für einen Moment etwas mehr Kraft mobilisieren zu können. Wenn man alleine arbeitet, muss man gleichzeitig gegensätzliche Bewegungen ausführen können. Man muss zum Beispiel mit einer Hand stützen, mit der anderen ziehen und mit den Füßen schieben können.
Als Trainer benötigt man viel Geduld, übermäßiger Ehrgeiz kann schnell alles kaputt machen. Des Weiteren muss man ein hohes Maß an Disziplin mitbringen. Egal, ob man Zirkuslektionen nur für sich übt oder später an Show-Veranstaltungen teilnimmt – irgendwie rückt man damit doch ins Licht der Öffentlichkeit, auch wenn man nur drei bis vier Zuschauer aus dem heimischen Stall an der Bande stehen hat. Man sollte sich der großen Verantwortung bewusst sein und immer ein Vorbild sein.

Los geht es mit dem Training

Das Führen

Ich führe, Du folgst

Ein Pferd, das seinen Besitzer herumzieht, ihn anrempelt oder gar umrennt, tut das nicht aus Versehen. Es ist ein Zeichen von Respektlosigkeit und dafür, dass die Rangfolge zwischen Pferd und Mensch noch nicht geklärt wurde. So sehr Sie sich auch wünschen werden, mit Ihrem Pferd in einer gleichberechtigten Partnerschaft zu leben – es wird leider nicht funktionieren. Harmonie kann nur dann entstehen, wenn der Mensch führt – und zwar in jeder Hinsicht. Dies bedeutet, dass er die Richtung und die Geschwindigkeit bestimmt, wie in der Natur das Leittier. Wenn das Pferd seinen Rang als Herdenchef akzeptiert, wird es willig folgen.

Des Weiteren muss der Mensch das Pferd auch in geistiger Hinsicht führen. Sprich ihm dann und wann auch einfach die Entscheidung abnehmen, wie es in der Natur der Herdenchef tun würde. Ein guter Herdenchef wird diese Entscheidung natürlich immer so fällen, dass sie dem Pferd gut tut. Wer so genannten »Kadavergehorsam« verlangt, ist sicher nicht auf dem richtigen Weg. Vielleicht hat man dann ein Pferd, das auf Knopfdruck »funktioniert«, aber von Partnerschaft oder gar Harmonie wird man hier nie reden können.

Bei der Bodenarbeit darf ein Lob nie fehlen, damit das Pferd sich bestätigt fühlt.
Foto: Sita Stepper

Und zu guter Letzt muss der Mensch das Pferd auf der Vertrauensbasis führen, nach dem Motto »Wo ich dich hinführe, da wird dir nichts geschehen. Ich pass auf dich auf«. Es wird auch bereitwillig in jede fremde Box, jede fremde Halle und auch in jeden fremden Pferdehänger gehen, wenn es gelernt hat, Ihren »Führungsqualitäten« zu vertrauen. Also, widmen Sie diesen Übungen ruhig ausgiebig Zeit.

Kommando:
Komm oder Geh

Ausrüstung:
Stallhalfter, Führstrick 3–4 Meter lang oder Strick mit langer Führkette, Gerte

Übungsort:
Reitplatz oder Halle, später Gelände

Kombinationsmöglichkeiten:
Fortgeschrittene entwickeln daraus das freie Führen.

Das Führen ist die Basislektion, die für jede Art von Training mit dem Pferd notwendig ist. Das Führtraining ist sozusagen der erste Schritt, die vier Beine unseres Pferdes unter Kontrolle zu bekommen. Unser Ziel ist eine Führposition vor dem Pferd zu erreichen. Eine zweite Führposition ist auf Höhe der Pferdeschulter. Wir bestimmen das Tempo, in dem gegangen wird. Das Pferd bleibt stehen, wenn wir ihm das Signal dazu geben.

Das »Nachfolgen« – hier folgt das Pferd willig und in gebührendem Abstand dem Menschen. Caven signalisiert durch seine Körperhaltung eindeutig »Du führst, ich folge«.
Foto: Karin Tillisch

Step by Step

Wir beginnen mit der Übungseinheit zur Führposition vor dem Pferd. Zu Beginn stehen wir links neben dem Tier auf Höhe des Kopfes. Den Führstrick halten wir in der rechten, die Gerte in der linken Hand. Der Führstrick darf niemals um die Hand gewickelt werden. Wenn das Pferd plötzlich scheut und wir die Hand nicht mehr rechtzeitig aus der Schlinge ziehen können, kann es zu schlimmen Verletzungen kommen.

Wir geben das Stimmsignal Komm und gehen in großen Schritten voran. Das animiert zumeist auch das Pferd, große, weite Schritte zu machen.

Das »Nebeneinander« – in dieser Position muss die Rangfrage zwischen Pferd und Mensch längst geklärt sein, da das Pferd sonst auf die Idee kommen könnte, mit dem Mensch in der Rangordnung auf gleicher Stufe zu stehen.
Foto: Katja Schäfer

Während der ersten Runden versuchen wir uns Schritt für Schritt weiter nach vorne zu arbeiten. Das Ziel ist, vor dem Pferd zu gehen. Das Pferd muss verstehen lernen, hinter uns zu bleiben. Kommt es mit seiner Schulter vor unsere, ist es unter Umständen bestrebt, die Führung zu übernehmen oder uns abzudrängen. Wenn das passieren sollte, setzen wir die Gerte ein.

Wir halten sie dem Pferd vor die Brust und signalisieren ihm so: bis hier und nicht weiter. Reagiert das Pferd darauf nicht, können wir ihm die Gerte auch vor die Nase halten. Akzeptiert es diese »Schranke« nicht, tippen wir ihm mit der Gerte leicht auf die Brust (keinesfalls auf die Nase) und sagen dabei: »langsam«. Notfalls zupfen wir zusätzlich zu dem Stimmsignal und dem Signal mit der Gerte deutlich am Strick. Dadurch üben wir Druck über das Halfter auf die Nase aus.

Bei etwas heftigeren Pferden verwenden wir den Strick mit Führkette. Die Führkette wird folgendermaßen verschnallt.

Sie stehen links neben dem Pferd. Den Karabiner der Kette führen Sie von außen durch den linken unteren Halfterring, dann von unten nach oben über das Nasenband des Halfters, dann von innen nach außen durch den rechten unteren Halfterring. Auf der rechten Seite nach oben führen und dort in den oberen Halfterring einhaken. Dabei bitte unbedingt darauf achten, dass der Haken nach außen zeigt und nicht gegen den Pferdekopf drückt.

Wir müssen dem Pferd verständlich machen, was wir von ihm wollen und das dann auch konsequent durchsetzen. Kräftemessen mit einem Pferd bringt uns nicht weit, denn wir werden am Ende garantiert verlieren.
Ein einfacher Trick, ein vorausdrängendes Pferd wieder hinter uns zu bringen, ist, plötzliche, enge Volten mit ihm zu gehen. Es muss in der Kurve aufgrund seiner Größe einen weiten Bogen laufen. Dadurch kommen wir wieder in die gewünschte Führposition vor dem Pferd zurück.
Nachdem wir auf dem Übungsplatz Erfolg hatten, machen wir mit unserem Pferd ausgedehnte Spaziergänge im Gelände. Das Pferd soll Spaß dabei haben und wir natürlich auch. Es ist im Gelände vor allem am Anfang zu empfehlen, das Pferd mit Zaumzeug zu führen, damit man im äußersten Notfall zumindest eine Chance hat, Schlimmeres zu verhindern. Die Zügel nehmen wir dabei über den Pferdekopf und halten sie wie zuvor den Führstrick.
Unser Ziel ist es, die Gerte als verweisende Hilfe immer weniger einzusetzen. Das Pferd wird schnell begreifen, was von ihm verlangt wird. Es wird stehen bleiben, wenn wir stehen bleiben usw. Besonders eifrige Pferde treten dann sogar freiwillig einige Schritte zurück.

Bitte Abstand halten!

Mit der Gerte können wir dem Pferd beibringen, auf Distanz zu bleiben. Wir zeigen einem aufdringlichen Vierbeiner auf die Schulter oder »pieksen« ihn mit der Gerte sachte an, um es von uns wegzubringen. Schubsen oder aufdringliches Taschendurchstöbern sind verboten. Wir sind der Chef. Gewöhnen Sie Ihr Pferd langsam auch an die Führpositionen auf Schulterhöhe. Benutzen Sie für beide Positionen unterschiedliche Kommandos und Signale. Ich mache es so, dass ich, wenn ich vorausgehe, den Strick nur in einer Hand halte und Komm! sage. Wenn ich neben dem Pferd gehe, dann nehme ich den Strick etwas kürzer und in beide Hände und sage Geh!. Dieses Geh! fordert Shadow dann aktiv zum Voranschreiten auf.

Das freie Stehen

In der Ruhe liegt die Kraft

Das Stillstehen ist im Grunde nur eine Erweiterung des oben genannten Führtrainings und hat denselben psychologischen Effekt auf Ihr Pferd – es wird lernen, Sie zu respektieren und Ihnen zu vertrauen.
Pferde sind Fluchttiere. Das kann man gar nicht oft genug sagen. Von einem Wesen, dessen ganzes Denken und dessen Körper stets auf schnelle Bewegung eingestimmt ist, zu verlangen, still zu stehen, nun, das ist schon eine immense Respekt- und auch Vertrauensfrage. Manche betrachten das Zappeln von Pferden beim Anbinden oder unter dem Reiter als Ungehorsam – ich sehe das ein wenig anders. Ich sehe einfach nur, dass diese Pferde in diesem Augenblick ihrem Führer oder Reiter nicht vertrauen und sich durch diese Bewegungen fluchtbereit halten. Banal gesagt ist das so, als würde man an der Ampel die Kupplung durchtreten, aber gleichzeitig immer ein bisschen Gas geben, um, wenn es grün wird, nur schnell wegzukommen.
Ihr Pferd wird durch diese Lektion also lernen, an der Ampel den Gang rauszunehmen und einfach ruhig abzuwarten. Auch wird es auf diese Weise erfahren, dass Sie nicht ständig etwas von ihm wollen, sondern nur dann, wenn Sie bestimme Signale geben. Man könnte es »Signalsprache« nennen, so wie es auch ein »Signalreiten« gibt. Wenn Ihr Pferd begriffen hat, dass es nicht der Mittelpunkt des Universums ist, und Sie nicht andauernd etwas Gigantisches von ihm verlangen, dann wird es ruhiger werden. Es wird nicht mit Angst und Anspannung, sondern mit freudiger Erwartung der Dinge harren, die da kommen mögen!

Kommando:
Steh
Ausrüstung:
Stallhalfter, Führstrick 3–4 Meter lang, Gerte
Übungsort:
Reitplatz oder Halle
Aufbaumöglichkeiten:
Grundvoraussetzung für jegliche Art von Tricktraining und Freiheitsdressuren.

Step by Step

Lassen Sie das Pferd ruhig stehen. Stellen Sie sich direkt vor es hin. Entfernen Sie sich langsam rückwärts von ihm weg. Geben Sie dabei das Stimmkommando Steh. Möchte das Pferd Ihnen folgen, dann halten Sie eine Hand hoch – das ist das zusätzliche visuelle Signal für das Pferd zum Kommando Steh. Versucht das Pferd weiter, auf Sie zuzukommen, führen Sie mit dem Strick kurze, wellenartige Bewegungen von rechts nach links aus. Das ist dem Pferd unangenehm. Sobald es stehen bleibt, hören Sie sofort damit auf, loben es und beginnen erneut.
Für ängstliche und sensible Pferde empfehle ich einen anderen Weg. Lassen Sie das Pferd wieder an einem geeigneten Platz stehen. Stellen Sie sich links neben es hin. Den Strick sollten Sie bei dieser Übung nun entweder ganz wegmachen, wenn Sie zum Beispiel die Möglichkeit haben, in einem Round Pen zu üben, oder einen Helfer bitten, in ca. zwei Metern Entfernung, einfach nur passiv den Strick zu halten. Ich persönlich bevorzuge es, diese Übung alleine mit dem Pferd im Round Pen zu machen. Sollte es hier ausweichen, kann ich sofort mit dem entsprechenden Bodentraining beginnen.

Ground Tying – oder auch stillstehen. Das Pferd muss lernen, da stehen zu bleiben, wo man es »abgestellt« hat. Zappelt ein Pferd herum, während man mit ihm diese Lektion einstudiert, hat man es schwer, genaue Signale und Hilfen zu geben.
Foto: Karin Tillisch

Ihre Körperseite zeigt zum Pferdekörper, Ihre Front Richtung Hinterhand. Legen Sie Ihre linke Hand auf den Hals des Pferdes, geben Sie das Stimmkommando Steh und gehen Sie dann langsam Richtung Hinterhand. Lassen Sie hierbei Hand und Arm über die Seite des Pferdes streichen, damit das Pferd spürt, wo Sie sich befinden. Gehen Sie dicht um die Hinterhand herum und an der anderen Seite entlang nach vorne. Halten Sie auch auf dieser Seite denselben Körperkontakt. Wenn Sie direkt vor dem Pferd stehen, streicheln Sie es zwischen den Augen und loben es ausgiebig. Jetzt das Gleiche noch einmal anders herum.
Im Laufe einiger Trainingseinheiten vergrößern Sie dann den Abstand zum Pferd, bis Sie am Ende in etwa fünf Meter Entfernung mit erhobener Hand um es herumgehen können und es mindestens zehn Sekunden an Ort und Stelle ruhig verharrt. Wenn das dann im Round Pen klappt, können Sie das Ganze auch auf dem Reitplatz versuchen – natürlich nur, wenn keine anderen Reiter auf dem Platz sind. Wenn das Pferd gelernt hat, zuverlässig zu stehen, können Sie den Strick am Halfter dranlassen und das Ende auf den Boden legen. Diese Übung eignet sich herrvorragend, um dem Pferd das »Ground Tying« beizubringen, das man vom Westernreiten kennt. Hierbei lernt das Pferd, sich nicht mehr von der Stelle zu bewegen, sobald der Strick oder Zügel am Boden liegt. Sie glauben nicht, in wie vielen Situationen Sie später froh sein werden, wenn das Pferd so etwas zuverlässig gelernt hat.

Pferdchen reck dich, Pferdchen streck dich!

Alles richtig machen!

Ich bin oft verwundert darüber, wie wenig Pferdebesitzer doch über die Anatomie ihrer vierbeinigen Gefährten und deren Fähigkeiten Bescheid wissen. Mit diesen Übungen wird nicht nur Ihr Pferd gymnastiziert, nein, Sie haben auch Gelegenheit, mal den Körper Ihres Pferdes kennen zu lernen. Der Pferdekörper ist ein Meisterwerk der Evolution. Es ist schließlich kein Zufall, dass die Gattung Equus in dieser Form seit fast sechs Millionen Jahren existiert.

Mit diesen Übungen können Sie erkennen, wo Ihr Pferd seine körperlichen Grenzen hat. Vielleicht stellen Sie auch fest, wo es Defizite hat, um die sich dann ein Fachmann (Tierarzt, Physiotherapeut) kümmern sollte.

Man darf auf gar keinen Fall etwas von seinem Pferd verlangen, wozu es körperlich nicht in der Lage ist. Wenn Ihr Pferd sich bei diesen Übungen anfangs sträubt, hat das oft nichts mit Ungehorsam zu tun, sondern kann ein Zeichen dafür sein, dass diese Bewegungen und Dehnungen ihm schwer fallen.

Geben Sie Ihrem Pferd immer genügend Zeit und verlangen Sie nicht alles auf einmal. Arbeiten Sie stufenweise und vorsichtig. Ein Tänzer wird sich auch nicht aufwärmen, indem er sich ruckartig in den Spagat fallen lässt und darauf hoffen, dass seine Bänder das aushalten. Wer Sport betreibt, der muss seinen Körper erst einmal auf »Betriebstemperatur« bringen. Das darf man auch im Sommer nicht vergessen, denn ein äußerlich warmer Muskel ist nicht unbedingt auch ein einsetzbarer Muskel.

Das Flexen – hier wird dem Pferd beigebracht, Kopf und Hals in die gewünschte Richtung zu drehen. Sita zeigt mit Smoke diese Lektion am Halfter. Wie man sieht, wird kein großer Zug angewandt, um den Pferdekopf zu stellen. Es ist dem Pferd gegenüber viel effektiver und auch fairer, es durch sanftes Zupfen am Strick dazu zu ermutigen, die Lektion willig und selbstständig auszuführen.
Foto: Karin Tillisch

Warm-up

Zirkuslektionen erfordern neben Gehorsam und Intelligenz auch eine gewisse körperliche Fitness von unseren Pferden. Einige der Zirkuslektionen haben selbst eine gymnastische Wirkung, wie beispielsweise der Spanische Schritt, die Bergziege oder das Kompliment, aber gerade diese Lektionen können nur mit einem entsprechend aufgewärmten Pferd korrekt ausgeführt werden.

Es ist sehr schade, dass Zirkuslektionen von vielen Reitern immer noch nicht als ernsthafte Arbeit mit Pferden angesehen werden und deshalb auch beim Einstudieren dieser Lektionen oft im »Hauruck-Verfahren« gearbeitet wird.

Machen Sie zum Wohle Ihres Pferdes ein kleines Aufwärmprogramm. Lassen Sie das Pferd vor Beginn des Trainings am besten einfach einige Runden frei laufen. Dabei soll es das Tempo und die Richtung selbst bestimmen. Verhindern Sie auf jeden Fall jegliche Kaltstarts. Auch Toben sollte das Pferd nicht, wenn es gerade aus der Box gekommen ist. Pferde sind nicht dumm. Wenn man sie lässt, räkeln und strecken sie sich oft von alleine und lösen somit eventuelle Verspannungen. Ich beobachte dieses Räkeln bei Shadow jeden Morgen, wenn ich ihn aus dem Paddock hole. Es ist immer dasselbe Ritual: Halfter drauf, zwei oder drei Schritte gehen, stehen, Kopf senken und dann beide Hinterbeine nacheinander weit rausstrecken und dehnen. Dann folgt eine Art »Sparflammenplié«, ein Schütteln und er ist fit. Er macht das in dieser Reihenfolge, seit wir mit den Zirkuslektionen und der Gymnastik begonnen haben. Ich will nicht soweit gehen und behaupten, er wäre so clever, dass er die gelernten Dehnübungen von sich aus macht. Dass sie ihm gut tun, steht für mich aber außer Frage.

Ebenso konnte ich feststellen, dass sich diese Gymnastikeinheiten und die Zirkuslektionen auch positiv auf seine Rittigkeit ausgewirkt haben. Er ist geschmeidiger und durchlässiger geworden. Gönnen auch Sie Ihrem Pferd dann und wann ein wenig Stretching oder Gymnastik. Denn nur mit einem kerngesunden, motivierten und fitten Pferd machen die in diesem Buch vorgestellten Lektionen auch Spaß.

Step by Step

Die nun folgenden Übungen sollten stets in absoluter Ruhe, langsam und vor allem stufenweise ausgeführt werden. Reißen Sie Ihrem Pferd also nicht beim Flexen abrupt dem Kopf herum, das kann im schlimmsten Fall

dazu führen, dass das Pferd sich einen Wirbel ausrenkt. Heben Sie beim Stretching das Bein langsam an und achten Sie genau auf die Reaktion Ihres Pferdes. Es dürfen für das Pferd keine Schmerzen entstehen, denn ein überdehnter oder übersäuerter Muskel (Muskelkater) kann nie die gewünschte Leistung bringen. Es ist für das Pferd demotivierend und im höchsten Maße unfair, wenn wir es durch falschen Ehrgeiz über seine körperlichen und geistigen Grenzen hinaus belasten.
Sollten Sie beim Üben bei ihrem Pferd Anzeichen von Unwohlsein (Pferd zieht ständig das Bein weg, stemmt sich gegen den Druck/Zug, ist unruhig etc.) bemerken, konsultieren Sie bitte umgehend einen Tierarzt oder Pferde-Physiotherapeuten. Fahren Sie erst mit den weiteren Lektionen fort, wenn eventuelle körperliche Defizite aus dem Weg geräumt wurden.

Flexen

Bei dieser Übung soll das Pferd lernen, auch ohne einen Reiter auf dem Rücken, den Hals zu wölben und sich zu stellen. Am Schonensten ist es, diese Übung am Halfter durchzuführen. Als Zügel kann man entweder einen 3 m langen Strick oder einen gewöhnlichen geschlossenen Gurtzügel verwenden.
Rechtshänder stellen sich auf die linke Seite des Pferdes, Linkshänder beginnen mit der rechten. Der Ausbilder platziert sich so, dass er ein wenig hinter dem Widerrist des Pferdes steht und hält die Zügel in der rechten Hand. Er sollte die Zügel so kurz nehmen, dass er zwar keinen permanenten Druck auf das Pferdemaul ausübt, aber schon durch ein leichtes Drehen der Faust einen Impuls am rechten oder linken Zügel geben kann. Er verfährt nun so, dass er durch leichtes Drehen der Hand das Pferd abwechselnd nach rechts und nach links stellt.

Smoke hat verstanden, was man von ihm erwartet und nimmt den Kopf herum. Sita baut einen minimalen Druck über den Strick auf, lässt Smoke in dieser Position kurz verharren, lässt den Strick dann wieder lang, tritt vor das Pferd und lobt es für seine Kooperationsbereitschaft.
Foto: Karin Tillisch

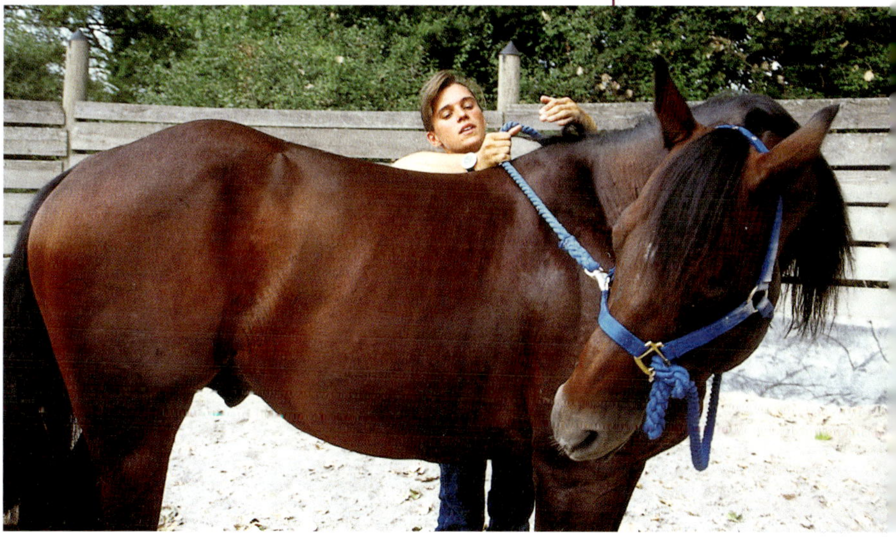

Hat das Pferd dies begriffen, wird der Zug etwas verstärkt und eine deutliche Biegung des Halses verlangt. Hierzu vibriert der Ausbilder nun leicht mit der Hand, während er in eine bestimmte Richtung zieht. Ein ständiger Zug ist hierbei nicht erwünscht, man muss dem Pferd immer wieder kurz Zeit geben, selbst den gewünschten Weg zu finden.
Dieses Flexen wird man später bei den Anfängen des Kompliments sowie bei allen Lektionen »in die Tiefe« benötigen. Es ist daher unablässig, dass das Pferd schon auf das leiseste Zeichen in die gewünschte Haltung geht.

Stretchen der Vorderbeine

Stellen Sie sich schräg vor das Pferd (links oder rechts) und heben Sie das entsprechende Bein ein wenig an. Greifen Sie dann um den Huf herum und gehen Sie leicht in die Knie. Dabei muss darauf geachtet werden, dass man selbst nicht zu weit nach unten geht, vor allem der Kopf sollte aus Sicherheitsgründen nicht zu tief sein. Verharren Sie nun in dieser Position. Jedes Mal, wenn das Pferd versucht, den Huf wegzuziehen, erzeugen Sie ein wenig Gegenzug und sagen bestimmt »Nein!«. Das Pferd wird bald damit beginnen, den Kopf etwas zu senken, das Bein zu strecken und den Huf in Ihre Hände hineinzustemmen. Verharren Sie so möglichst fünf bis zehn Sekunden. Dann senken Sie das Bein langsam ab (nicht fallen lassen), loben das Pferd, warten ein wenig und beginnen mit dem anderen Vorderbein. Im Laufe der Zeit werden die Spannungsphasen immer um einige Sekunden ausgedehnt und das Bein auch immer zentimeterweise höher angehoben. Dieses Stretchen wird später beim Spanischen Schritt, beim Kompliment und allen anderen Lektionen »in die Tiefe« gebraucht.

Strecken der Vorhand – Caven ist unglaublich beweglich, weshalb es Karen möglich ist, sein Vorderbein so schön hochzuheben. Übt man diese Lektion, muss man dabei sehr vorsichtig vorgehen. Sobald man Spannung im Bein des Pferdes spürt, ist dies ein Zeichen dafür, dass man jetzt seine maximale »Streckungskapazität« erreicht hat. Dann verharrt man in dieser Position kurz und lässt das Bein langsam wieder absinken. So erzielt man einen optimalen Dehnungseffekt, ohne dem Pferd ein unangenehmes Gefühl zu vermitteln.
Foto: Karin Tillisch

Das Stretchen der Hinterbeine

Bei vielen zirzensischen Übungen muss das Pferd erhebliche Kraft in der Hinterhand mobilisieren und sich bei gewissen Lektionen voll über die Hinterhand ausbalancieren. Deshalb sollte man auch hier dafür sorgen, dass Bänder und Sehnen geschmeidig und keine Blockaden vorhanden sind.

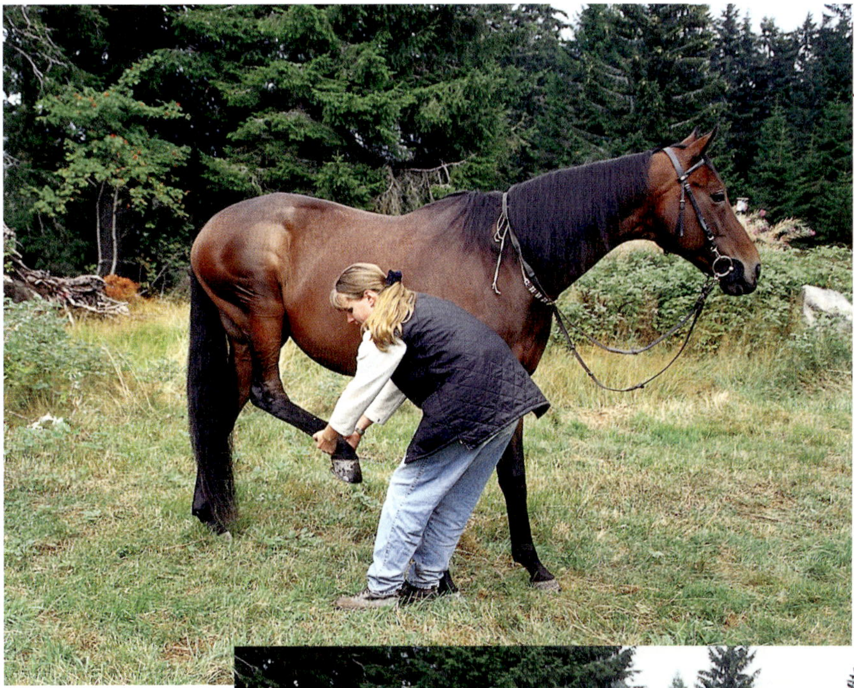

Strecken der Hinterhand – auch hier zeigt sich Caven von seiner »biegsamen« Seite und lässt sich willig das Bein hochheben. Jetzt ermutigt man das Pferd mit leichtem Zug, das Bein nach vorne zu strecken.
Foto: Karin Tillisch

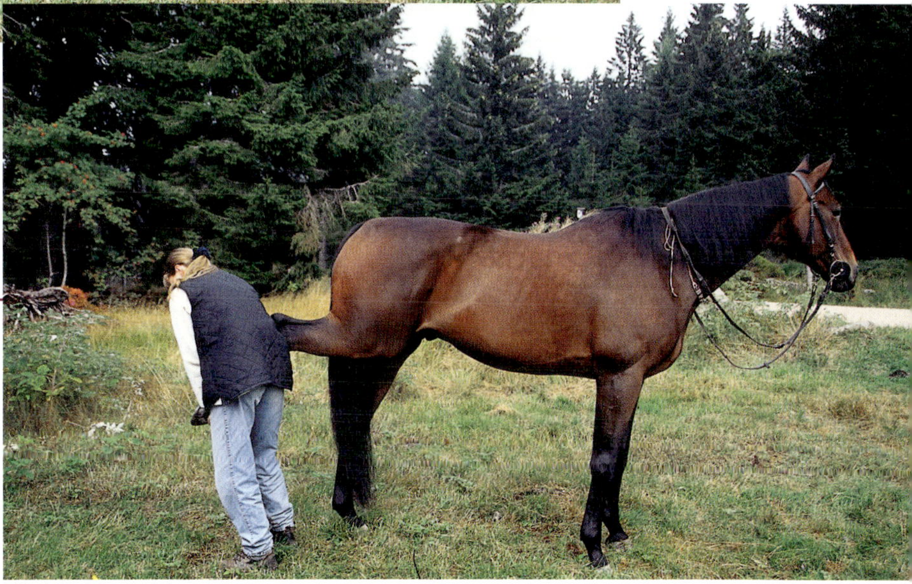

Spürt man wieder, wie sich Spannung aufbaut, führt man das Bein, ohne es abzusetzen, wie zum Hufe auskratzen in einem Bogen nach hinten, verharrt kurz und lässt es dann wieder sanft absinken.
Foto: Karin Tillisch

Stellen Sie sich nun so an das Pferd, als wollen Sie ihm die Hinterhufe auskratzen. Fordern Sie das Pferd auf, das Bein zu heben und greifen direkt am Fesselgelenk zu. Vorsicht, das Pferd könnte jetzt versuchen, den Menschen heftigst »abzuschütteln«. Deshalb verharrt man so einfach einige Male und setzt dann das Bein wieder ab. Loben nicht vergessen.
Viele Pferde mögen es nicht besonders, wenn man an ihren Hinterbeinen »herummacht«. Steht das Pferd ruhig und gelassen da, wenn man sein Hinterbein anhebt, beginnt man dieses sehr vorsichtig nach vorne, also Richtung Pferdekopf und Bauch zu ziehen. Vorsicht, manche Pferde neigen hierbei die ersten Male dazu, auszukeilen oder den Fuß wegzuziehen. Dieses Verhalten ist wieder mit deutlichen Stimmkommandos zu unterbinden. Das Pferd darf anfangs zögern und auch mal langsam den Fuß wegziehen, aber ein Auskeilen oder gar Treten darf nicht geduldet werden. Sollte das Pferd dieses Verhalten aber trotz einiger Disziplinierungen nicht ablegen, wird es besser sein, wenn sich ein Osteopath das Pferd ansieht. Es gibt viele Pferde mit gravierenden Problemen an der Hinterhand.
Nachdem das Pferd sich nun das Bein in Richtung Bauch/Kopf ziehen lässt, hält man es dort kurz einige Sekunden und zieht es dann ohne abzusetzen nach hinten raus, bis es möglichst weit gestreckt ist. Anfangs wird die Hufspitze dabei möglicherweise fast den Boden berühren, das macht aber nichts. Es ist wichtiger, dass das Bein gestreckt ist, als dass es sich weit oben befindet. Anschließend wird der Huf wieder vorsichtig abgesetzt und das Pferd ausgiebig belohnt. Dann kann man auf der anderen Seite fortfahren.

Das Leckerli Problem

Viele Ausbilder lehnen den Einsatz von Leckerlis beim Üben von Zirkuslektionen oder Tricks ab, da sie u.a. befürchten, dass das Pferd die gewünschten Lektionen nur mit Leckerlis ausführt.
Dass ohne Leckerli manchmal gar nichts mehr geht, liegt meiner Meinung nach nicht an dem Leckerli selbst, sondern daran, dass man den richtigen Zeitpunkt verpasst hat, an dem man den Einsatz dieses positiven Verstärkers wieder hätte reduzieren müssen.
Ich verfahre mit dem Reduzieren wie folgt: Zunächst einmal wird mit Leckerli geübt. Das mache ich so lange, bis das Pferd in der entsprechenden Lektion sicher ist und diese flüssig ausführt. Sollte es in dieser Phase zu betteln anfangen oder gar nach dem Leckerli schnappen, breche ich die Lektion ab, gebe dem Pferd eine kleine »Rüge« (in Form eines schar-

fen Neins oder mit einem unmissverständlichen Klaps) und beginne dann mit der Lektion von Neuem. Mit dieser Methode habe ich bisher die Erfahrung gemacht, dass, wenn man sie konsequent durchführt, selbst der heftigste Gierschlund nach einiger Zeit das Muster verstanden hat, dass sich das Betteln einfach nicht gehört und ein Lob nur beim gewünschten Ausführen der Lektion erfolgt. Wird ein Pferd übereifrig und bietet die Lektionen ohne Kommando an, strafe ich nicht, sondern reagiere überhaupt nicht darauf und gehe manchmal dann dazu über, erst noch eine ganz andere Übung einzubauen. Bei dieser Vorgehensweise habe ich festgestellt, dass die Pferde lernen, auf das entsprechende Kommando zu warten, ohne dass man Gefahr läuft, sie zu demotivieren. Beherrscht das Pferd nun die Lektion auf Kommando und fließend, gehe ich immer mehr dazu über, mit Hand und Stimme zu loben. Ich mache dies dem Pferd so angenehm, dass das Leckerli zur reinen Nebensache wird. Ich habe festgestellt, dass sich die meisten Pferde, mit denen ich bisher diese Lektionen einstudiert habe, mehr über ein ausgiebiges Lob gefreut haben, als über ein Leckerli. Je nach Pferd ein Streicheln, Kraulen oder Kratzen. Finden Sie heraus, welche Art von Berührung Ihr Pferd am liebsten hat und belohnen Sie es dann auf diese Weise.
Ich verwende auch bei Shadow gelegentlich noch Leckerlis – und zwar als »Verstärker« beim Einstudieren neuer Lektionen. Wenn er sich bei einer Lektion wieder besonders viel Mühe gegeben hat und sozusagen über sich hinauswächst. Er bekommt auch während einer Show zur Belohnung – zusätzlich zum Lob durch Streicheln – ein Leckerli. Ich habe kein Problem damit, wenn die Zuschauer sehen, wie ich mit meinem Pferd kurz knuddel. Ich habe sogar festgestellt, dass das sehr positive Reaktionen beim Publikum hervorruft. Die Leute sehen, wie wichtig dem Pferd dieses Lob ist und wie sehr es darauf reagiert.

Step Control

Beine heben

Auf dieser Lektion baut später vieles auf. Ich nehme mir für diese Übung sehr viel Zeit. Die ersten Reaktionen sind dabei Reaktionen auf einen Reiz, der eine Art Reflex auslöst. In diesem Fall das Zucken oder leichte Anheben der Beine.

Vielen Ausbildern reicht diese Reaktion jedoch nicht und sie bringen die Pferde – teilweise mit Hilfe unsanfter Mittel – dazu, ihre Beine immer höher anzuheben. Was ist das Resultat? Richtig: Kadavergehorsam und verängstige Pferde. Ich will ein Pferd, das geradezu vor Stolz über seine gute Leistung über sich hinauswächst, wenn es diese Lektionen mit mir zusammen erarbeitet.

Also lobe ich hier schon das allerkleinste Zucken und motiviere mein Pferd durch positive Verstärker zu einer noch besseren Reaktion.

Ihr Pferd ist nicht dumm. Es wird sicher besser mitarbeiten, wenn Sie jede kleine Reaktion bemerken und sie belohnen.

Step Control – Kiera zeigt, dass sie mit ihren 25 Jahren noch zu einem ausdrucksvollen Spanischen Tritt in der Lage ist.
Foto : Karin Tillisch

Lektion:
Beine heben

Kommando:
Fuß oder Hoch

Ausrüstung:
Gerte, Stallhalfter, Strick 3–4 m lang, weicher langer Baumwollstrick 5 m lang

Aufbaumöglichkeiten:
Grundvoraussetzung für Polka, Salut und Spanischer Schritt

Kombinationsmöglichkeiten:
sitzen und Vorderbein heben

Step by Step

Ich stehe vor dem Pferd und wahre einen Abstand von ca. 2 m. Aus dieser Position heraus kann ich mit der Gerte die gesamte Front des Pferdes – Brust, Schultern und Vorderbeine – erreichen. Ich streiche mit der Gerte nun zunächst die Beine des Pferdes einige Male ab.

Es soll zu keinem Zeitpunkt des Ausbildung Angst vor der Gerte haben. Deshalb wiederhole ich dieses Abstreichen auch später bei möglichst jeder Lektion erneut. Manche Pferde sind extrem kitzelig. Ich freue mich immer, wenn ich mit einem kitzligen Pferd arbeite, denn bei diesen Pferden genügt wirklich die kleinste Berührung, also ein leichtes Antippen mit der Gerte, um eine Reaktion auszulösen.

Ein Zucken mit dem entsprechenden Bein ist anfangs schon mehr als genug, dann lobe ich ausgiebig!

Sollte das Pferd partout keine Reaktion zeigen, setze ich einen sehr weichen und langen Strick (von mindestens 5 m Länge) ein. Diesen lege ich so in einer Schlaufe um das Fesselgelenk, dass ich beide Enden des Strickes wieder in der Hand halte. Hierbei ist ein Helfer erforderlich, der das Pferd am Führstrick hält.

Wenn ich nun mit der Gerte am Bein antouchiere, zupfe ich ganz sanft am Seil und ziehe das Bein, wenn keine Reaktion erfolgt, ganz vorsichtig in die Höhe. Dazu gebe ich das Stimmkommando Fuß oder Hoch.

Sollte das Pferd Angst bekommen und rückwärts treten, lasse ich den Strick einfach fallen, er bleibt dann am Boden liegen und dem Pferd passiert nichts. Auf keinen Fall darf der Strick irgendwie verdreht oder mehrfach um das Pferdebein geschlungen werden, damit könnte man dem Pferd ohne weiteres das Bein brechen! Das einfache Umlegen jedoch ist sicher und hat sich als sehr hilfreich erwiesen.

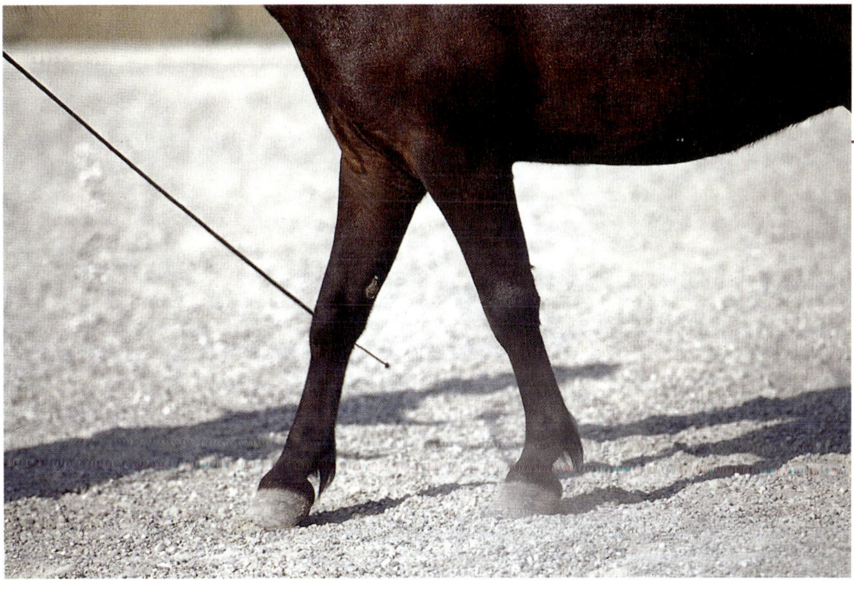

Der erste Schritt: Um das Pferd zu ermutigen, das Bein anzuheben, touchiert man es leicht an. Auf welchen »Punkt« das Pferd reagiert, muss man selbst herausfinden. Oft ist es ausreichend, das Pferd mit der Gertenspitze nur zu »kitzeln«, wie es eine Fliege tut, wenn sie landet. Dann wird das Pferd aus Reflex mit dem Fuß stampfen. Wir nehmen die Gerte weg und loben es für diese Reaktion.
Foto: Karin Tillisch

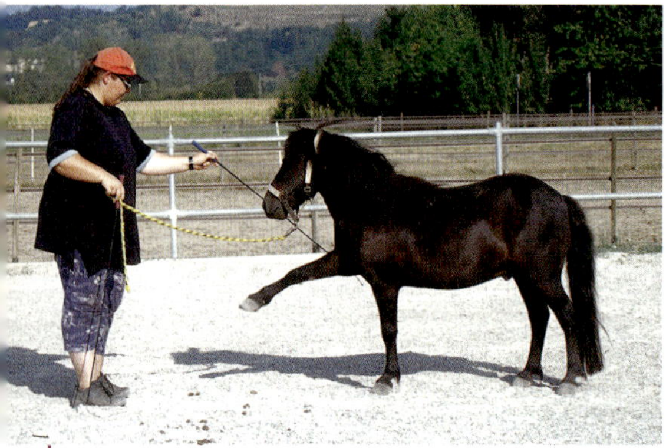

Etwa fünf Versuche später – Mister Charly Brown hat durch stete positive Verstärkung verstanden, was man von ihm will und zeigt einen beeindruckenden Spanischen Tritt. Silke Teuber ist dazu übergegangen, ihn weiter oben zu touchieren, da er hier eine bessere Aktion zeig.
Foto: Karin Tillisch

Jedes Mal, wenn ich nun das Bein antouchiere, gebe ich weniger Unterstützung mit dem Strick, bis das Pferd das Bein selbstständig anhebt. Zeigt das Pferd zwischendurch auch nur das kleinste Anzeichen von Mitarbeit, lobe ich sofort und motiviere es weiter.

Wenn das Pferd nun die Vorderbeine hebt, kann man sich an die Hinterbeine wagen. Hierbei steht man in etwa bei der Gurtlage des Pferdes und touchiert von dort aus die Hinterbeine. Man muss sich auf heftiges Gestrampel gefasst machen. Es gibt viele Pferde, die jetzt nach dem kitzelnden »Angreifer« treten. Aber auch das ist eine Reaktion, die rasch abflauen wird, wenn das Pferd verstanden hat, was man von ihm möchte. So sollte man nun nach und nach die Beine des Pferdes unter Kontrolle bekommen, um dann mit der Step Control und dem Spanischen Schritt weitermachen zu können.

Und vorwärts

Wenn die vorherige Übung im Stehen funktioniert, kann man nun die ersten Schritte versuchen. Stellen Sie sich vor das Pferd hin, zupfen Sie leicht am Führstrick (das ist das Signal zum Antreten) und geben Sie das gewohnte Kommando zum Heben eines Vorderbeines. Das Pferd wird nun das Bein heben und dabei einen Schritt nach vorne machen. Stoppen Sie das Pferd sofort nach diesem Schritt. Loben Sie es, ehe es das nächste Bein bewegen kann.

So wird das Pferd lernen, nur dann eine Vorwärtsbewegung zu machen, wenn Sie dies wünschen. Bei späteren Lektionen wird das sehr hilfreich sein, vor allem bei den Anfängen der Polka. Um für ein wenig Abwechslung zu sorgen oder das Pferd aufmerksamer zu machen, können Sie es auf diese Weise auch über Stangen steigen lassen.

Auch Max hat die Lektion verstanden, zeigt aber eine andere Version. Im Gegensatz zu Charly zeigt Max eine gebogene Beinhaltung.

Spanischer Tritt und Polka

Hoch das Bein

Der Spanische Tritt und die Polka sind Drohgebärden, die Hengste anwenden, wenn sie sich gegenseitig imponieren wollen. Stuten wehren sich oft durch Auskeilen mit den Vorderbeinen gegen einen allzu forschen Verehrer. In beiden Fällen wird Kampf signalisiert und eine eindeutige Warnung ausgesprochen. Das darf man beim Trainieren dieser Lektion nie außer Acht lassen. Sehr forsche Naturen könnten es als Angebot nehmen, ihrem Menschen mal ordentlich die »Meinung zu trommeln«. Sie müssen Ihrem Pferd von Anfang an zeigen, dass Angriffe nicht geduldet werden.
Was ich am faszinierendsten an diesen Lektionen finde, ist die Tatsache, dass sie das Selbstvertrauen eher schüchterner Pferde immens aufbauen.

Kommando:
Step

Ausrüstung:
Stallhalfter, Strick 3–4 m lang, Gerte, Leckerlis

Aufbaumöglichkeiten:
Der Spanische Tritt ist die Grundvoraussetzung für die Polka und den Spanischen Schritt. Aus dem Spanischen Tritt lässt sich auch das »Zählen« erarbeiten.

Kombinationsmöglichkeiten:
Aus Polka, Spanischem Schritt, Spanischem Tritt und dem Podest lassen sich fantasievolle »Stepp-Nummern« erarbeiten. Beispielsweise kann man das Pferd später mit den Vorderbeinen auf das Podest stellen und mit einem Huf den Rhythumus von »We will rock you« von Queen trommeln lassen.

Spanischer Tritt

Wenn man nun so langsam die vier Beine seines Pferdes in den Griff bekommt, kann man mit dem so genannten Spanischen Tritt oder Salut beginnen. Hierzu benötigt man wieder das längere Seil sowie eine lange Gerte. Ein zweites Seil sollte man griffbereit liegen haben.
Stellen Sie sich vor das Pferd und touchieren Sie es an einem Vorderbein. Das Pferd wird das Bein wie gewohnt heben. Jetzt kann man durch sachtes »pieksen« oder »stubsen« mit der Gerte versuchen, von dem Pferd eine heftigere Abwehrreaktion zu provozieren, so dass es den Fuß im Bogen nach vorne schwingt. Hat man diese Reaktion erreicht, lobt man

das Pferd. Sollte die Reaktion ausbleiben, kann man den zweiten Strick zu Hilfe nehmen. Dabei verfährt man wie bei der Übung »Bein heben«, mit dem Unterschied, dass man das Bein nun nicht permanent oben hält. Man setzt es immer wieder ab und touchiert es erneut, in schneller, kurzer Folge, so dass das Pferd ein Muster erkennen kann. Lassen Sie mit Hilfe des Stricks das Bein etwas »wippen«. Loben Sie das Pferd sofort, wenn es das Bein auch nur für einen kurzen Moment oben hält.
Das Endziel sollte sein, dass Sie ein Bein Ihres Pferdes berühren, das Stimmkommando geben und das Pferd dieses Bein anhebt und im Bogen wieder heruntersetzt.
Diese Lektion sollte nur auf weichem Boden geübt werden, manche Pferde werden nämlich übereifrig und knallen die Hufe regelrecht auf den Boden.

Polka

Die Polka ist eine wichtige Vorlektion zum Spanischen Schritt und sieht, richtig ausgeführt, nicht minder spektakulär aus. Viele Ausbilder überspringen diesen Zwischenschritt, um Zeit zu sparen. Jedoch vermittelt die Polka dem Pferd die nötige Balance und das Taktgefühl, das es später für den Spanischen Schritt braucht.
Für die Polka gibt es zwei Führpositionen: an der Schulter des Pferdes oder direkt vor ihm. Am Anfang ist es einfacher, die Position vor dem Pferd einzunehmen, da man von hier etwas besser und schneller touchieren kann.

Max zeigt schon eine schöne Aktion mit der Vorhand. Ihm kann nun die Polka beigebracht werden, aus der später der Spanische Schritt entwickelt wird.

Hier kann man schon die deutliche Vorwärtsbewegung erkennen, die man durch diese Übung erreichen will. Max beginnt, mit den Hinterbeinen »mitzulaufen«. Anfangs leidet die Vorhandaktion etwas darunter, doch das ist in diesem Ausbildungsstadium absolut nebensächlich.

Fotos: Karin Tillisch

Step by Step

Zum Üben der Lektion benötigt man einen 3-4 m langen Strick und zwei lange Gerten. Ein Helfer sollte zur Stelle sein und das Pferd am Führstrick halten. Sie nehmen nun in jede Hand eine Gerte und stellen sich vor das Pferd. Strecken Sie Ihre Arme aus. Mit den Gerten reichen Sie bis zu den Kniegelenken und rahmen das Pferd sozusagen ein. Sie sind die Spitze eines V. Gehen Sie langsam rückwärts, und ermutigen Sie das Pferd, Ihnen zu folgen. Gehen Sie erst einmal eine Bahnlänge ganz normal (ohne die Gerten einzusetzen) und loben Sie das Pferd. Dann touchieren Sie alle 4–5 Schritte jeweils das gleiche Vorderbein, wenn es auf dem Weg nach oben ist. Dabei halten Sie Ihre Geschwindigkeit. Geben Sie dazu das Stimmkommando Step. Beugen Sie sich nicht nach vorne. Das Pferd kann, wenn es touchiert wird, einen ungelenken »Hopser« machen. Diese Übung wiederholen Sie, bis das Pferd das Bein willig hebt und dabei auch weitergeht. Dann beginnen Sie mit dem anderen Bein und zum Schluss im Wechsel beide Beine mit jeweils einigen Zwischenschritten. Pferde sind, wie wir Menschen auch, Rechts- oder Linkshänder, also darf man sich nicht wundern, wenn auf einer Seite am Anfang gar nichts funktioniert. Es kann auch sein, dass das Pferd, wenn sein Bein touchiert wird, zuerst stehen bleibt, das Bein hebt und keine Anzeichen macht weiterzugehen. Dann lockt man es vorsichtig vor, bis es den Schritt vollendet hat und lobt es wieder ausgiebig. Viele Pferde haben zu Beginn dieser Lektion erhebliche Koordinationsschwierigkeiten, es ist also Geduld angesagt. Neigt das Pferd dazu, hinten stehen zu bleiben, ist ein Helfer von Nöten, der sich einfach schräg hinter das Pferd stellt und es etwas zum Weitergehen animiert.

Die endgültige Polka sieht dann ähnlich aus wie der gleichnamige Tanz und hat folgende Taktsequenz:

rechts hoch und vor	oder auch:
links normal vor	hoch – vor
rechts normal vor	eins
links hoch und vor	zwei
rechts normal vor	hoch – vor
links normal vor	eins
und wieder von vorne	zwei

Spanischer Schritt oder Paso Espanol

Kommando:
Step oder Pa-so (rechts Pa, links so, Paso = spanisch für gleiten, schweben)

Ausrüstung:
Stallhalfter, Strick 3–4 m lang, 2 lange Gerten, Musik

Aufbaumöglichkeiten:
Aus dem Spanischen Schritt lassen sich der Spanische Trab oder auch die Passage entwickeln. Sehr gut ausgebildete Pferde schaffen es sogar, den Spanischen Schritt rückwärts zu zeigen.

Kombinationsmöglichkeiten:
In Kombination mit der Polka, den Seitengängen und eventuell sogar der Piaffe, der Passage und dem Spanischen Trab kann man das Pferd zur passenden Musik ein richtiges »Tänzchen« aufführen lassen.

Step by step

Beherrscht das Pferd die Polka, ist der Spanische Schritt oft kein Problem mehr. Wie bei allen Zirkuslektionen setzt aber auch diese ein hohes Maß an Pferdeverstand, Einfühlungsvermögen und Routine voraus! Anstatt nun wie bei der Polka das Pferd immer einen Zwischenschritt machen zu lassen, touchiere ich jetzt bei jedem Schritt ein Vorderbein. Dabei muss man darauf achten, stets im Takt zu bleiben, sonst sieht der Spanische Schritt des Pferdes hinterher eher wie ein nervöses Gezappel aus.
Das Pferd braucht Zeit, sich in den neuen Takt einzufinden und deshalb kann man anfangs noch keine ausdrucksvolle Vorhandaktion erwarten. Diese kommt erst im Laufe der Zeit. Es gibt auch Pferde, die versuchen, die Beine schon in der Luft zu wechseln. Aus solchen Hopsern kann man zwar später unter Umständen den Spanischen Trab entwickeln, in dieser Ausbildungsphase jedoch sollte man das unterbinden, in dem man das Tempo so weit verringert, bis die Hopser schlichtweg nicht mehr möglich sind. Man muss auch darauf achten, dass das Pferd beim Spanischen Schritt gerade läuft und nicht über eine Schulter »abschmiert«, wie man so schön sagt. Auch hierfür braucht man beide Gerten, um das Pferd notfalls zwischendurch wieder gerade richten zu können.

Shadow bei seinen ersten Versuchen des Spanischen Schrittes.
Foto: Karen Weber

Der Spanische Schritt bewirkt beim Pferd eine Gymnastizierung des Schulterbereiches. Die Bewegungen sollen rollend aus der Schulter kommen, eventuelle Blockaden können sich ähnlich wie beim Schulterkreisen in der Sportgymnastik bei Menschen lösen. Dadurch, dass das Pferd die Beine höher heben muss als sonst, wird auch mehr Gewicht mit der Hinterhand aufgenommen.
Was mitunter beim Spanischen Schritt unterschätzt wird, ist das Rhythmusgefühl des Ausbilders. Wenn Sie selbst nicht geradeaus und im Takt rückwärts gehen können, wie wollen Sie dann von Ihrem Pferd erwarten Ihnen rhythmisch zu folgen? Pferde »pacen« gerne, sie passen ihre Bewegungen also den unseren an. Sprich, wenn Sie beim Üben des Spanischen Schrittes unsicher und ungleichmäßig losstaksen, wird das Pferd es Ihnen gleichtun.
Was mir am Anfang sehr geholfen hat, war Musik. Suchen Sie sich ein langsames, rhythmisches Lied aus. Sicherlich ist der Techno-Sound nicht jedermanns Sache, aber in diesem Fall kann er sich durchaus anbieten. Gehen Sie zu Beginn erst einmal ein oder zwei Bahnlängen ganz normal rückwärts und lassen Sie Ihr Pferd folgen, bis Sie sich beide in die Musik eingehört haben. Sie werden staunen, was Pferde für ein immenses Rhythmusgefühl haben.

Der Spanische Schritt ist kein hektisches Herumgestrampel der Vorderbeine, sondern eine diagonal ausgeführte Laufbewegung, bei der das Pferd so rhythmisch schreiten sollte, dass man ein Metronom danach ausrichten kann. Anton Menker zeigt uns mit Bolshoi el Cid, wie es aussehen kann. Takt kommt hierbei stets vor Aktion.
Foto: Karin Tillisch

End of Trail

So wird Ihr Pferd zur Ziege

Hier haben Sie die Gelegenheit, einmal zu überprüfen, wie weit das Vertrauen Ihres Pferdes in Sie gefestigt ist. Die »Bergziege« hat neben ihrem hohen gymnastizierenden Effekt auch einen psychischen, denn aus dieser Haltung heraus, kann das Pferd nicht sofort flüchten. Es muss Ihnen also schon ein ganzes Stück vertrauen, wenn es sich in diese Position begibt. Die Beine zusammengestellt, den Kopf gesenkt, den Rücken völlig entblößt und aufgewölbt – eine optimale Position für jedes Raubtier.

Deshalb muss man bei dieser recht unscheinbaren Lektion mit Geduld und Ruhe vorgehen – denn wird der Fluchtreflex beim Pferd aktiviert, ist das Einnehmen dieser Haltung nahezu unmöglich.

Die Bergziege ist eine Lektion, die vom Pferd viel Balancegefühl und auch Kraft verlangt. Es muss dabei seinen Rücken aufwölben, daher hat diese Lektion auch einen gewissen gymnastizierenden Effekt.
Foto: Karin Tillisch

Kommando:
Ende oder Ziege

Ausrüstung:
Halfter, Strick 3-4 Meter, Gerte, Leckerli

Aufbaumöglichkeiten:
Voraussetzung für die spätere Arbeit auf dem Podest und für das Ablegen.

Step by Step

Zum Einstudieren dieser Lektion ist ein Helfer sehr nützlich, der das Pferd einfach am Strick hält und dafür sorgt, dass es nicht auf die Idee kommt, loszumarschieren.

Voraussetzung für diese Lektion ist, dass Ihr Pferd bereitwillig die Hinterfüße gibt und nicht ausschlägt. Natürlich müssen für diese Übung sein Rücken und seine Beine absolut in Ordnung sein.

Stellen Sie sich seitlich neben die Hinterhand Ihres Pferdes, Blickrichtung zum Kopf. Legen Sie dem Pferd eine Hand auf seine Hinterbacke, und »haken« Sie Ihre Fußspitze in seine Fesselbeuge. Drücken Sie ein wenig auf die Hinterbacke und geben Sie das Kommando Fuß. Ihr Pferd sollte jetzt das Bein anheben, nicht auskeilen und solange oben halten, wie es Ihren Fuß in seiner Fesselbeuge spürt. Üben Sie dies zunächst auf beiden Seiten, bis das Pferd das neue Kommando versteht und auch Sie sich auf einem Bein sicher fühlen.
Im nächsten Schritt schieben Sie den Fuß des Pferdes, wenn das Pferd ihn bereitwillig hoch hebt, nach vorne, und setzen ihn dort vorsichtig ab. Geben Sie jetzt das Kommando Ende. Es reicht, wenn sich das Bein anfangs etwa zehn Zentimeter weiter vorne befindet, als in der normalen Position. Diese Lektion ist sehr anstrengend für das Pferd. Gehen Sie nun um das Pferd herum und schieben Sie auch das andere Bein auf diese Weise in Position: Fuß »einhaken«, leichter Druck auf die Hinterbacke, vorschieben, Kommando und loben, wenn das Pferd stehen bleibt und nicht nach vorne ausweicht. Sollte das Pferd versuchen, das Bein anfangs wegzuziehen, machen Sie einfach solange weiter, bis es ihn stehen lässt. Wenn das Pferd die Hinterbeine nun auf diese Weise zuverlässig heben und nach vorne schieben lässt, können Sie Ihren Fuß auch durch die Gerte ersetzen. Es wird eine Weile dauern, ehe Ihr Pferd seine Beine so eng zusammenstellen kann, wie auf dem Bild (s. Seite 48), da es hierfür Muskeln anspannen und andere dehnen muss, die es sonst nicht in dieser Weise nutzt. Lassen Sie das Pferd den Kopf so weit senken, wie es möchte. Trainierte Pferde bauen einen gigantischen Spannungsbogen von der Schweifrübe bis zu den Ohrspitzen auf, das sieht dann wirklich wie das legendäre Bild »End of Trail« aus.

Der Anfang zur Bergziege. Man touchiert ein Hinterbein des Pferdes, bis es dieses anhebt. Dann ermutigt man das Pferd, das Bein ein Stückchen nach vorne zu schieben, ohne dabei nach vorne wegzulaufen.
Foto: Karin Tillisch

Plié

Verbeugen leicht gemacht

Ich betrachte das Plié als eine Vorstufe zum Kompliment. Es ist eine ungewohnte Bewegung für das Pferd, zwischen seinen Beinen hindurchzutauchen und sich nach hinten zu strecken. Es ist ein Weg in die Tiefe und jedes Fluchttier wird stets darauf bedacht sein, seinen Kopf so hoch wie möglich zu tragen, um auch ja alles mitzubekommen, um im Fall der Fälle schnell fliehen zu können. Beim Plié kann das Pferd nur noch einen Bruchteil seiner Umgebung wahrnehmen. Es muss sich also hier auf seinen Menschen absolut verlassen, dass dieser jetzt die Umgebung im Auge behält und wirklich ein guter Herdenchef ist, der die anderen bei Gefahr warnt.

Kommando:
Bow oder Plié

Ausrüstung:
Halfter, Strick 3–4 Meter, später Gerte, ein langes Leckerli (trockenes Baguette, Karotte, Maiskolben etc.)

Step by Step

Stecken Sie Ihr langes Leckerli von hinten zwischen den Vorderbeinen des Pferdes hindurch und zeigen Sie es dem Pferd. Geben Sie das gewählte Kommando für die neue Lektion. Sobald das Pferd beginnt, den Kopf zwischen den Vorderbeinen hindurchzuschieben, ziehen Sie das Leckerli langsam nach hinten unten. Diese Lektion ist für das Pferd anfangs

Das Plié in seiner Endversion – demonstriert vom Warmblut-Wallach Swift. Beim Plié sind zwei Haltungen möglich. Kopf erhoben oder Kopf gesenkt.
Foto: Karin Tillisch

anstrengend, und Sie sollten behutsam vorgehen. Lassen Sie es »unterwegs« ruhig mal ein wenig von dem Leckerli knuspern und verlangen Sie nicht schon eine zu weite Streckung der Vorderbeine. Am Anfang genügt es sogar, wenn das Pferd den Kopf zwischen die Vorderbeine steckt und sich ein wenig nach hinten lehnt.

Im Laufe der nächsten Trainingseinheiten können Sie dann langsam damit beginnen, das Pferd immer weiter nach hinten zu locken und es dabei veranlassen, seine Vorderbeine zu strecken.

Jetzt kommt der etwas schwierigere Teil: das Umstellen auf das Gertensignal. Hierzu sollten Sie einen Helfer haben, der das Pferd einige Zeit lang noch in gewohnter Weise nach unten füttert, während Sie das Plié zunächst mit der Gerte einleiten. Touchieren Sie das Pferd hierzu in der Gurtlage am Bauch an und erst nachdem dieses Signal erfolgt ist, wird das Leckerli eingesetzt. Ihr Pferd wird den Dreh bald raushaben, dass die Gerte am Bauch beugen und dass das Beugen wiederum Leckerli und Lob bedeutet.

Wenn Ihr Pferd jetzt nicht mehr den Kopf zwischen den Beinen durchstreckt, sondern sich »nur« nach hinten wegstreckt, dann lassen Sie es einfach, denn beide Varianten gelten als Plié. Wenn es Ihrem Pferd so besser gefällt, ist es auch in Ordnung, schließlich soll es ja auch seinen Spaß an der Sache haben.

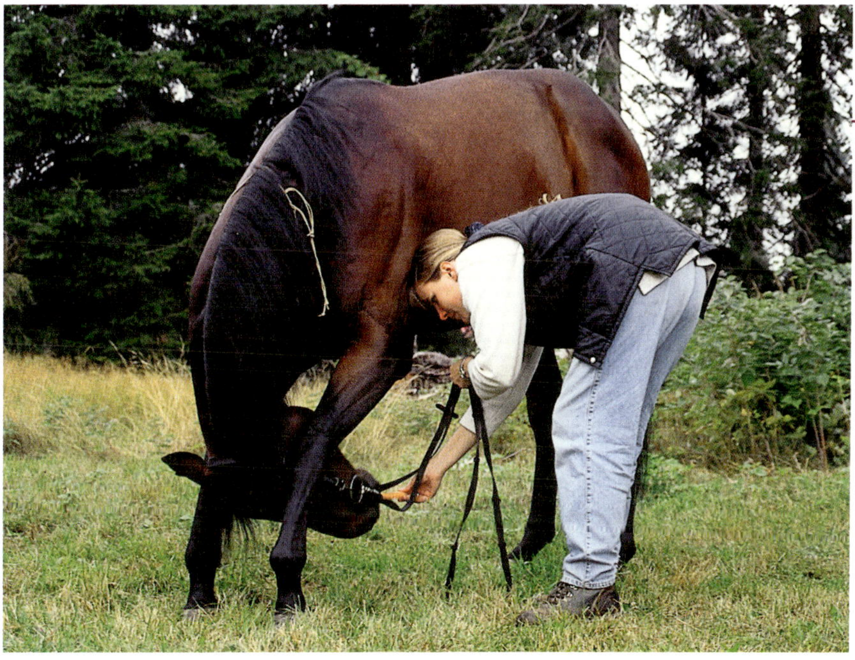

Beim anfänglichen Üben des Pliés wird das Pferd bestärkt, seinen Kopf zwischen den Beinen hindurchzustrecken und sich ein wenig nach hinten zu senken.
Foto: Karin Tillisch

Das Kompliment

Mit Vertrauen »in die Tiefe«

Das Kompliment ist die Schlüssellektion für alle Lektionen »in die Tiefe« – und zugleich auch ein großer Vertrauensbeweis. Denn jetzt muss das Pferd noch mehr von seiner Fluchtbereitschaft aufgeben als in den bisherigen Übungen – es muss ein Bein »hergeben«. Aus der Bergziege und dem Plié hätte es noch mehr oder weniger schnell entkommen können – jetzt aber, da einer seiner Hufe nicht mehr den Boden berührt, gibt es sozusagen ein Viertel seiner Fluchtmöglichkeiten auf.

Das kann bei manchen Pferden zu heftigen Reaktionen führen. Ich verwende viel Zeit darauf, das Pferd stets langsam an die Lektion heranzuführen. Ich will, dass mein Pferd mir vertraut, denn nur durch dieses absolute Vertrauen kann wahre Harmonie entstehen. Aus diesem Grund habe ich das Erlernen des Kompliments in mehrere Schritte unterteilt, die alle jedoch eine »Reifungsstufe« für sich darstellen. Geben Sie Ihrem Pferd unbedingt ausreichend Zeit, diese Stufen für sich selbst zu entdecken. Pferde wollen vertrauen. Sie brauchen jemanden, der sie führt und dem sie vertrauen können.

Ein gelungenes Kompliment zeigen hier Angelika Bauder-Frank und ihre Stute Manjana. Das Vorderbein ist gestreckt, das Gewicht lagert auf dem Röhrbein des anderen Vorderbeines und der Rücken ist vorbildlich aufgewölbt.
Foto: Karin Tillisch

Vorübungen zum Kompliment

Kommandos:
wie in den einzelnen Phasen beschrieben

Ausrüstung:
Trense oder Stallhalfter, 2 Stricke à 2 m, Fußlonge, Leckerlis, Helfer

Aufbaumöglichkeiten:
Aus dieser Übung wird später das Kompliment, das Knien und das Liegen entwickelt.

Kombinationsmöglichkeiten:
Das Kompliment wird gerne als Abschlussnummer einer Show verwendet.

Voraussetzungen:
Voraussetzung für das Einstudieren des Kompliments ist, dass das Pferd keinerlei Beschwerden an Beinen oder Sehnen hat und Ihnen vollkommen vertraut. Anders herum kann man auch sagen: Wenn sich das Pferd ins Kompliment absenken lässt, dann vertraut es seinem Menschen. Zwang hat auch bei dieser Lektion nichts verloren. Des Weiteren sollte Ihr Pferd durch das Plié schon den Weg in die Tiefe gefunden haben. Da es durch das Üben des Pliés weiß, dass es sich absenken muss, um zwischen seinen Beinen ein Leckerli zu erhaschen, wird es ihm leichter fallen, auch beim Kompliment das nötige Vertrauen zu finden, um noch mal mehr von seiner Fluchtbereitschaft aufzugeben.

Übungen mit der Fußlonge

Für die folgenden Übungen verwende ich die so genannte Fußlonge. Man kann sich zwar für teures Geld fertige Fußlongen kaufen, aber im Endeffekt reicht eine ganz normale Longe aus breitem Gurtband aus. Wem das Hantieren mit einer sechs oder acht Meter langen Longe ein wenig zu riskant ist, der kann sie auch einfach kürzen. Für ein Kleinpferd oder Pony sind drei bis vier Meter Länge ausreichend. Wer sich jedoch unsicher ist, kann die Longe erst einmal wie unten beschrieben anlegen, und dann am Pferd auf das gewünschte Maß kürzen.
Die Fußlonge bietet – richtig angewandt – Pferd und Mensch die nötige Sicherheit. Es gibt natürlich die Möglichkeit, ohne Fußlonge zu arbeiten und diese mit dem eigenen Arm zu ersetzen. Dabei ist man aber selbst in einer gefährlichen Position und kann sich böse Zerrungen zufügen. Ich habe einige Pferde ausgebildet, bei denen ich auf die Fußlonge verzichtet habe. Ein Pferd hatte zum Beispiel so große Angst davor, dass ich von einem Einsatz der Fußlonge absehen musste. Ein anderes war ein knapp 100-Kilo-Pony, das selbst ich locker mit einer Hand stützen konnte. Aber bei einem Großpferd bin ich restlos überfordert. Kein Mensch kann eine Last von 200 kg mit einer Hand auffangen, wenn diese zu kippen anfängt. Durch den Flaschenzugeffekt der Fußlonge werden diese 200 Kilo jedoch auf knapp 50 reduziert und das ist mit etwas Anstrengung zu schaffen.

Gewöhnen an die Fußlonge

Aus den Vorübungen zur Step Control und zum Spanischen Schritt ist es das Pferd mittlerweile gewöhnt, etwas an den Beinen zu haben und sollte dadurch auf die Fußlonge gelassen reagieren. Am Ende der Fußlonge wird eine Schlinge geknotet, die sich zuziehen kann. Ziehen Sie dem Pferd nun diese Schlaufe über den Huf. Nicht die bestehende, feste Schlaufe der Longe über den Huf ziehen, das kann zu Unfällen führen. Dann bleiben Sie einfach eine Zeit lang stehen und geben dem Pferd die Chance, sich mit dem neuen Gefühl anzufreunden. Dann führen Sie die Longe über den Rücken des Pferdes auf die andere Seite und holen das Ende wieder unter dem Bauch zu sich her. Das Ende sollte dann vor dem anderen Teil der Longe liegen, so ist die spätere Bedienung wesentlich einfacher und viel sicherer. Lassen Sie dann alles ganz locker und führen das Pferd einige Runden, damit es sich an die Longe gewöhnen kann.

Fuß hoch!

Da das Pferd schon bei der Übung Step Control gelernt hat, die Beine auf Wunsch zu heben, sollte man auch jetzt keine große Schwierigkeiten haben, es dazu zu bewegen, den Fuß mit der Longe daran, zu heben. Man darf auf gar keinen Fall ziehen, um den Fuß hochzubringen. Das Pferd muss sein Bein erst einmal selbstständig ein Stück heben. Tut es das, hält man die Longe mit beiden Händen und zieht das Bein sanft in die Waagrechte.

Das Röhrbein darf nie höher als waagrecht gehalten werden, da das Pferd sonst beim Niedersinken das ganze Gewicht auf dem Vorderfußwurzelgelenk haben würde, was zum einen sehr unangenehm ist und zum anderen schädlich sein kann. Halten Sie das Bein so einige Sekunden und geben Sie dann das Kommando Ab. Dabei lassen Sie das Bein aber nicht einfach nach unten fallen, sondern setzen es sanft auf dem Boden ab. Diesen Vorgang wiederholt man einige Male, bis das Pferd willig das Bein hebt und auch anstandslos einige Zeit mit erhobenem Bein verharrt. Nach einer kleinen Pause fährt man dann mit dieser Übung auch auf der anderen Seite fort.

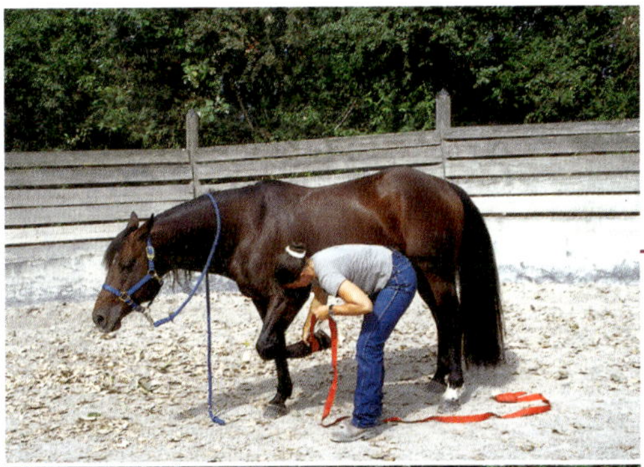

Das Anlegen der Fußlonge: zunächst legt man die Schlinge um das Fesselgelenk und versichert sich, dass sie auch nicht mehr verrutschen kann. Der Knoten sollte nach hinten zeigen.

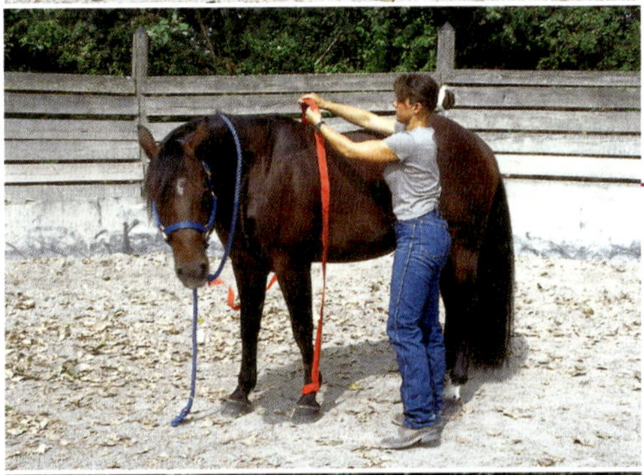

Dann wird die Fußlonge hinter dem Widerrist des Pferdes auf die andere Seite geführt. Hierbei ist darauf zu achten, dass die Longe flach und ohne Verdrehungen am Pferdekörper liegt. Nur so ist später eine feine und stufenweise Anwendung dieses Hilfsmittels möglich.

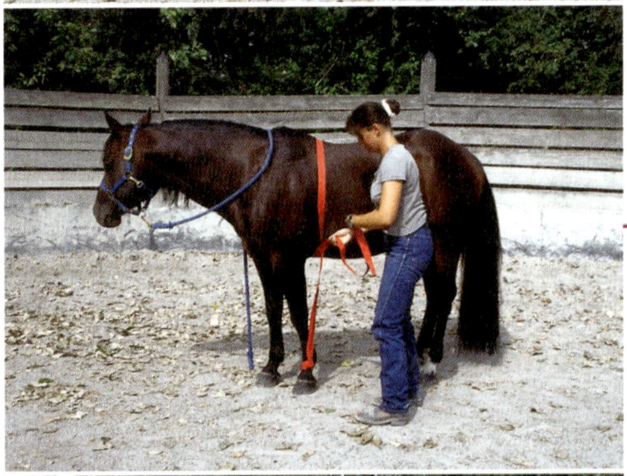

Die Fußlonge wird unter dem Bauch des Pferdes und dann vor dem nach oben führenden Teil hindurchgeführt. So kann man später mit einer Hand das auf diese Weise entstandene »Longenkreuz« fassen. Das bringt ungemeine Stabilität.

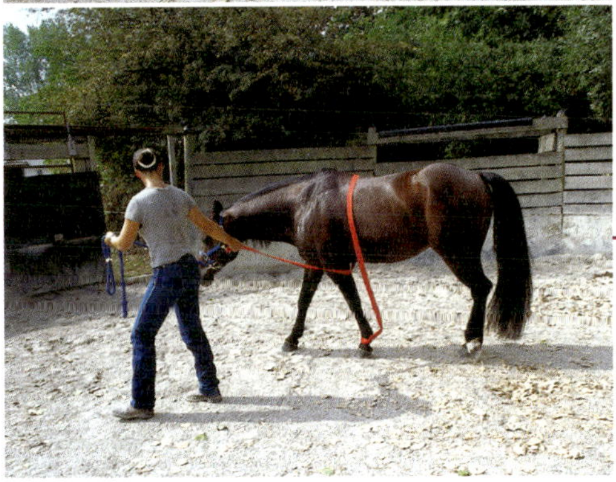

Die ersten Schritte – in aller Ruhe gewöhnt Sita ihren Hengst Smoke an die Fußlonge. Nachdem er sich an diesem Vorderbein nach wenigen Schritten damit angefreundet hat, wechselt Sita zum anderen Vorderbein und wiederholt das ganze Procedere.
Fotos: Karin Tillisch

Das Kompliment an der Fußlonge

Kommando:
Kompliment, Bow oder Referenz
Ausrüstung:
Trense oder Stallhalfter, 2 Stricke à 2 Meter, Fußlonge, Leckerlis, Helfer

Das stufenweise Absenken

Der Helfer sollte mit den Leckerlis bereitstehen. Legen Sie die Fußlonge an und heben Sie das Bein des Pferdes in die gewohnte Position. Dann nehmen Sie die Zügel mit der Hand, die dem Pferd am nächsten ist (wenn Sie links vom Pferd stehen, ist das die Rechte) und stellen Sie den Kopf des Pferdes ein wenig in die ihm entgegengesetzte Richtung. Stehen Sie links vom Pferd, sollte es nach rechts gestellt werden. Die Stellung sollte allerdings wirklich nur minimal ausfallen. Mit der anderen Hand greifen Sie das Ende der Fußlonge (die Longe bitte keinesfalls um das Handgelenk schlingen) sowie das Stück an der Stelle, an der die Longe um den Pferdebauch läuft. Nun geben Sie mit den Zügeln und der Fußlonge einen leichten Rückwärtsimpuls, mit den Zügeln wie gewohnt durch ein leichtes Vibrieren nach hinten, mit der Fußlonge einfach, in dem Sie vorsichtig nach hinten ziehen. Jetzt muss der Helfer mit der Karotte oder Baguettestange den Kopf des Pferdes zwischen den Beinen hindurch und dann nach hinten locken. Das Pferd wird versuchen, das Leckerli zu erhaschen und sich dabei ein wenig absenken. Kann man auch nur eine Tendenz nach hinten unten erkennen, brechen Sie wieder ab, lassen Sie das Pferd hochkommen und loben Sie es! In den folgenden zwei bis drei Übungen, versucht man das Pferd immer ein klein wenig weiter abzusenken. Dabei wird immer das Kommando gegeben, für das man sich entschieden hat.

Das erste Absinken an der Fußlonge

Bisher wird das Pferd noch nicht auf dem angewinkelten Bein gelandet und nach dem Erhaschen des Leckerlis sicher gleich wieder hochgekommen sein. Wenn der Ausbilder es durch diese »Wiegebewegung« ein wenig gestreckt hat, wird er nun versuchen, es das erste Mal ganz absinken zu lassen. Dazu verfährt er wieder genauso wie beim stufenweisen Absenken, jedoch wird dann so lange der Impuls gegeben, bis das »Röhrbein« des Pferdes am Boden ist. Dann wird sofort die Fußlonge gelockert und das Pferd durch ein deutliches »Bleib!« zum Untenbleiben ermutigt. Jetzt muss der Helfer sehr flink und fingerfertig sein, denn er muss versuchen, das Pferd möglichst lange mit den Leckerlis unten zu halten. Wenn das Pferd allerdings unruhig wird, lässt man es wieder aufspringen, gibt ihm einige Zeit sich zu sammeln und versucht es dann noch einmal. Es ist natürlich besser, wenn das Pferd erst auf ein Stimmkommando hin aufsteht. Man braucht hier viel Geduld und lässt es vielleicht auch

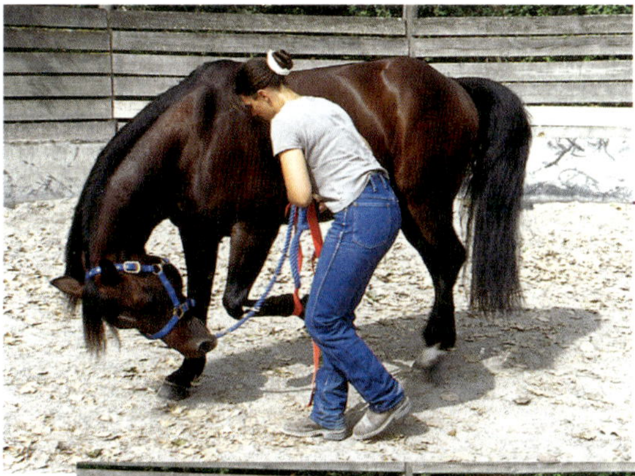

Das erste Absenken (hier ohne Helfer demonstriert). Smoke hat das Leckerli entdeckt und versucht, es zwischen seinen Beinen zu erhaschen. Sita stabilisiert seinen Weg nach unten mit der Fußlonge. Wie man sieht, hängt der Führstrick locker, Smoke kann so seinen Weg in die Tiefe ohne Zwang selbst finden.

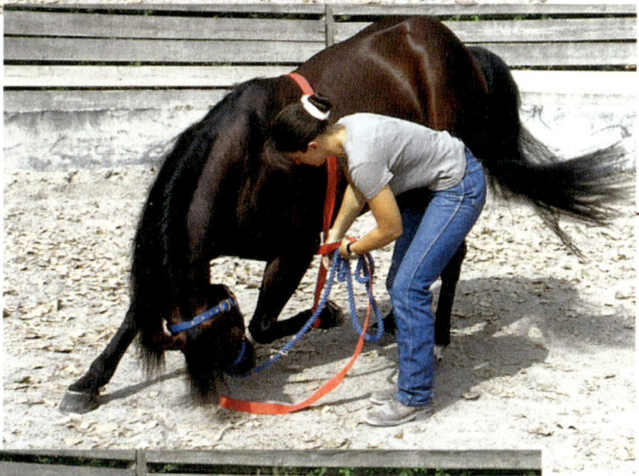

Fast unten – Smoke ist immer noch auf dem Weg in die Tiefe. Sita hält sein Röhrbein parallel zum Boden, damit er sein Gewicht bei der »Landung« mit dem Röhrbein tragen kann. Viele machen den Fehler, dem Pferd das Bein zu weit nach hinten zu ziehen, was dazu führt, dass das Pferd auf dem Gelenk landet.

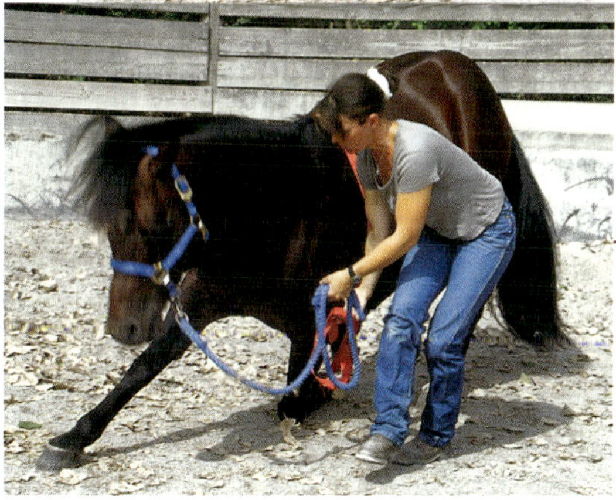

Gelandet! Smoke hat es geschafft, das erste Kompliment seines Lebens. Um ein späteres »Einrollen« bei dieser Lektion zu vermeiden, bestärkt Sita ihn schon jetzt wieder, den Kopf nach oben zu nehmen und gibt ihm erst in dieser Position das Leckerli.
Fotos: Karin Tillisch

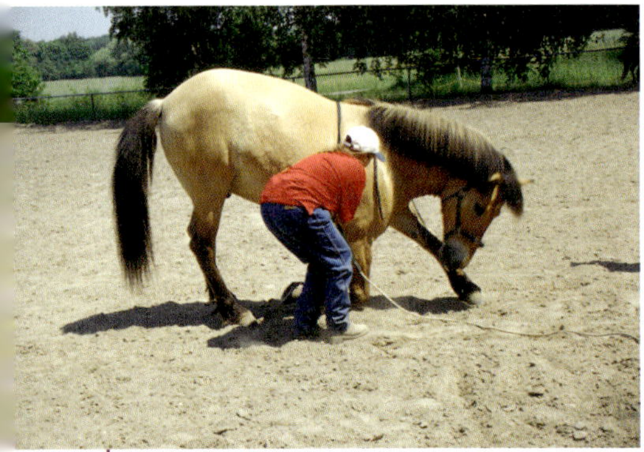

Hat das Pferd das Absenken an der Fußlonge verstanden, kann man dann übergehen, die Gerte als Unterstützung einzusetzen. Hiermit ermutigen Sie Ihr Pferd dann nicht mehr das ganze Gewicht in die Longe zu stützen, sondern selbstständig den Weg noch unten zu finden. *Fotos: Debbie Weih*

schon gut sein, wenn das Pferd nur kurz auf dem Röhrbein landet, sich sein Leckerli schnappt und nach zwei Sekunden wieder oben ist. Besonders von temperamentvollen und jungen Pferden kann und darf man am Anfang nicht mehr erwarten.
Sitzt die Übung auf der einen Seite, wiederholen Sie sie unbedingt noch auf der anderen, damit das Pferd auf beiden Seiten gleich belastet wird.
Man wird nun noch eine ganze Weile mit der Fußlonge arbeiten, um dem Pferd die nötige Stabilität und Balance zu vermitteln. Auf den Helfer wird der Ausbilder aber nach einiger Zeit schon verzichten können, in dem er selbst zufüttert. Die meisten Pferde kapieren nämlich erstaunlich schnell, dass es »da unten« etwas gibt, wenn man sich ein wenig streckt. Nach einiger Zeit wird dazu übergegangen, das Leckerli erst am Ende der Übung, wenn das Pferd wieder auf allen Vieren steht, zu geben.
Als Nächstes reduzieren Sie dann Stück für Stück die Stütze durch die Fußlonge. Somit ermutigen Sie Ihr Pferd, selbst den Weg nach unten zu suchen. Wenn eine gewisse Leichtigkeit hierbei erreicht ist, wird er beginnen, die Gerte mit einzusetzen. Hierzu touchiert er das Pferd an einer anderen Stelle am Bein als beim Spanischen Schritt und gibt dann den Rückwärtsimpuls mit den Zügeln. Die Fußlonge gibt keinen Impuls mehr, sondern stützt nun nur noch ein wenig. Jedes Mal reduziert man diese Stütze etwas mehr. Wenn der Ausbilder die Fußlonge entfernt und es das erste Mal ohne versucht, kann es sein, dass das Pferd sich mit der Hufspitze regelrecht in den Boden eingräbt und dadurch blockiert. Hierbei hat sich eine kleine »Fußschubshilfe« als effektiv erwiesen. Hierzu touchiert man das Pferd mit der Gerte, gibt den Rückwärtsimpuls und wenn es droht, sich wieder »einzubohren«, schiebt man ihm den Huf einfach mit dem Fuß sanft ein wenig weiter, bis es den richtigen Winkel zum Absenken

erreicht hat. Irgendwann kann man die Unterstützung durch den Fuß, mit einem Gertensignal ersetzen. Das Pferd wird dann so lange eine Rückwärtstendenz beibehalten, bis der Ausbilder die Position der Gerte zum Absenken verändert. Beispiel: rückwärts, indem man die Gerte etwa eine Handbreit über das Vorderfußwurzelgelenk legt, absenken, in dem man sie auf das »Schienbein« legt. Somit kann man auch später das Kompliment immer noch variieren.

Kompliment an der Hand

Diese Methode hat durchaus auch Vorteile, da man so näher beim Pferd ist und eventuelles Unwohlsein oder Verspannungen des Tieres sofort bemerkt. Ihr Pferd sollte nun aber soweit sein, dass es die seitliche Stellung des Kopfes nicht mehr unbedingt benötigt, sondern das Kommando Kompliment schon gut genug kennt, um auf das reine Stimmkommando zu reagieren.
Stellen Sie sich, wenn Sie Rechtshänder sind, auf die linke Seite des Pferdes. Linkshändern empfehle ich, es erst auf der rechten Seite des Pferdes zu versuchen. Tippen Sie zuerst das Vorderbein an. Das Pferd sollte nun das Bein bereitwillig anheben. Greifen Sie das Bein etwa eine Handbreit über dem Fesselgelenk, und üben Sie einen sanften Zug nach hinten unten aus, während Sie gleichzeitig das Pferd mit dem vertrauten Stimmkommando Kompliment aufmerksam machen. Um dem Pferd den Weg nach unten etwas angenehmer zu machen, können Sie mit der noch freien Hand ein Leckerli zwischen den Vorderbeinen hindurchreichen und somit das Pferd wieder locken. Achten Sie darauf, dass sich das Röhrbein des Pferdes immer parallel zum Boden befindet und ziehen Sie es nicht allzuweit nach hinten. Geben Sie dem Pferd die Chance,

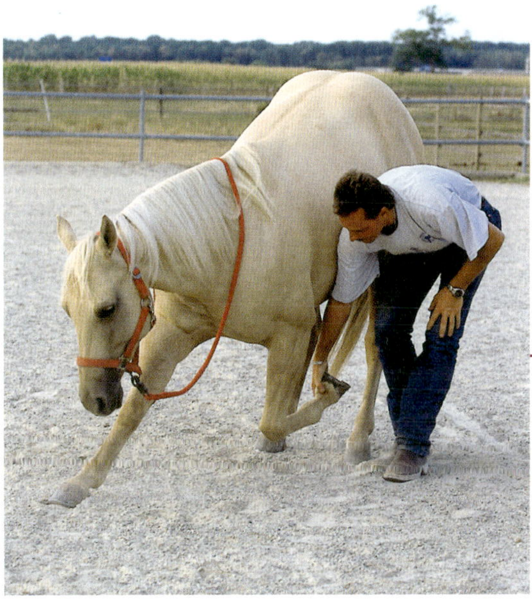

Dieter Hämmerle zeigt mit Sunflower das Kompliment an der Hand. Kurz vor der Landung muss das Röhrbein auf den Boden gebracht werden.
Foto: Karin Tillisch

selbst den besten Weg zu suchen. Sie sollten eigentlich nur als »helfende Hand« fungieren. Es wird nun nur eine Frage der Zeit sein, bis das Pferd das Kommando Kompliment auch aus dieser Position heraus beherrscht. Aber Achtung: Wenn man das Pferd auf diese Weise stützt, kann man sich leicht selbst verletzen, beispielsweise den Arm ausrenken, die Finger unter die Hufe bekommen oder einen Tritt abbekommen.

Das freie Kompliment

Ihr Pferd beherrscht nun das Kompliment an der Hand fließend und findet auch schon recht selbstständig den Weg nach unten.
Nun können Sie, bevor Sie auf die Gerte umstellen, noch eine Zwischenstufe einschalten.
Stellen Sie sich hierzu neben Ihr Pferd, Blickrichtung zum Kopf, in etwa auf der Höhe, auf der Sie bisher auch gearbeitet haben. Das Pferd sollte ein stabiles und gut sitzendes Halfter tragen, an dessen Seiten Stricke oder die Zügel eingeschnallt sind, die dann während der Übung über dem Widerrist liegen sollten. Anstatt nun mit der Hand nach dem Fuß zu greifen und ihn nach hinten zu dirigieren, klopfen Sie ganz sachte an das Röhrbein des Pferdes und geben das Kommando zum Kompliment. Ihr

Das freie Kompliment: Da Shadow diese Lektion förmlich im Schlaf kann, ist es kein Problem für mich, ihn ins Kompliment zu bitten, einen Schritt zur Seite zu gehen und ein Bild zu machen. Erst auf meinen Zuruf springt er wieder auf und kommt zu mir, um sein wohl verdientes Lob abzuholen!
Foto: Karin Tillisch

Pferd wird vielleicht etwas verwirrt dreinschauen, aber wohl zumindest das Bein heben. Lagern sie nun sein Röhrbein einfach in der Mulde zwischen Fußrücken und Knöchelgelenk – so, als würden Sie einen Fußball darauf jonglieren. Ich hoffe sehr, dass Ihr Pferd sich nicht mehr allzu sehr auf Ihre Stütze verlassen muss, sonst kann das für Sie zu unangenehmem Muskelkater im Bein führen. Versuchen Sie möglichst stabil stehen zu bleiben und greifen Sie zur besseren Balance einfach an den Widerrist Ihres Pferdes, und zwar mit der Hand, die dem Pferd am nächsten ist. Das wird auch dem Pferd ein wenig Stabilität bringen. Nehmen Sie die Zügel/Stricke auf, so dass Sie gegebenenfalls gleich einen leichten Rückwärtsimpuls geben können.
Wenn das Pferd nun sein Bein ruhig in Ihrem Fuß liegen lässt, so geben Sie das Kommando Kompliment erneut. Bewegen Sie Ihr Bein langsam parallel zum Boden nach hinten unten und zupfen Sie gleichzeitig an den Zügeln, um dem Pferd ein Rückwärtssignal zu geben. Es ist auch nützlich, den von Ihnen abgewandten Zügel leicht kürzer zu greifen, damit das Pferd etwas Stellung hat, was ihm den Weg nach unten erleichtern kann. Lassen Sie sich Zeit, und achten Sie auf Ihren Fuß, nicht dass Ihr Pferd auf einmal unruhig wird und versehentlich draufsteht.
Wenn vorher alles gut geklappt hat, dürfte auch dieser Zwischenschritt rasch funktionieren. Wenn das Pferd dann sicher, mit wenig Unterstützung durch Ihren Fuß ins Kompliment absinkt, können Sie damit beginnen, parallel die Gerte einzusetzen. Touchieren Sie das Röhrbein des Pferdes und verwenden Sie die Gerte an der gleichen Stelle, wie zuvor Ihren Fuß und greifen Sie nur noch dann mit dem Fußrücken ein, wenn Sie etwas korrigieren müssen – beispielsweise, wenn das Pferd zu früh abknickt oder das Bein nicht weit genug anhebt.
Man kann auch gleich versuchen, den Übergang von Hand auf Gerte zu vollziehen. Machen Sie hierzu wie üblich das Kompliment an der Hand, legen Sie aber zuvor das Signal mit der Gerte fest: ein Tippen an das Röhrbein und dann ein leichter Druck nach hinten unten, während Sie Ihrem Pferd mit der Hand noch die nötige Stabilität geben. Setzen Sie aber die Hand dann immer weniger und die Gerte immer mehr ein.
Ihr Pferd sollte diese Lektion so lernen, dass es auch solange im Kompliment bleibt, bis Sie das Kommando »Auf« geben.

Das Knien

Kompliment mal 2

Im Endeffekt ist das Knien nichts anderes als zwei gleichzeitig abgefragte Komplimente – aber was hierbei seelisch in Ihrem Pferd vorgeht, ist alles andere als »leichte Kost«. Jetzt gibt das Pferd 50 % seiner Fluchtmöglichkeit auf – und es senkt auch noch Kopf und Rücken nach unten. Eine offene Einladung für jedes Raubtier! Deshalb geben Sie auch hier Ihrem Pferd wieder ausreichend Zeit. Diese Übung ist für das Pferd sowohl körperlich als auch geistig anstrengend und man darf bei der Durchführung nie zu fordernd werden. Wenn Ihr Pferd aufspringt, strafen Sie es um Himmels willen nicht. Vielleicht fehlt es ihm an Kraft oder es will sich vergewissern, dass Sie ihm nicht, wie ein hungriger Puma ins Genick springen. Loben Sie Ihr Pferd umso ausgiebiger, wenn es einige Sekunden im Knien verharrt und dann auf Ihr Signal aufspringt.

Das Knien demonstriert hier Film-Pferdetrainer Tom Harris aus Paso Robles, Kalifornien.
Foto: Karin Tillisch

Kommando:
à genoux
Ausrüstung:
Stallhalfter, 2 Stricke à 2 Meter, Gerte
Aufbaumöglichkeiten:
Aus dem Knien wird sich später das Liegen entwickeln.

Step by Step

Mittlerweile ist das Pferd in der Ausbildung soweit vorangeschritten, dass es sich auf beiden Vorderbeinen ins Kompliment absinken kann.
Beim Knien ist es besonders wichtig zu beachten, dass das Pferd vorne nicht zusammensinkt und sich mit der Gurtlage am Boden abstützt. Es soll vielmehr das Gewicht auf die Röhrbeine legen.
Wenn das Pferd flüssig auf die Touchierhilfe zum Kompliment reagiert, ist das Knien oft kein Problem mehr. Hierfür lässt man das Pferd wieder ins Kompliment sinken. Kurz bevor es jedoch das Vorderbein ganz

strecken kann, touchiert man den anderen Fuß auch noch. Es kann sein, dass das Pferd die ersten Male verwirrt aufspringt. Es ist wichtig, jetzt ein anderes Stimmkommando zu geben, zum Beispiel à genoux. Wenn das Pferd mit der neuen Touchierhilfe nichts anzufangen weiß, kann man auch beide Vorderbeine gleichzeitig antouchieren, das Pferd wird dann allerdings die ersten Male unschön »zusammenfallen«. Viele Pferde lernen das Knien aber nur auf diese Weise. Das Knien ist sehr anstrengend für ein Pferd, deshalb sollte man diese Lektion nie übermäßig in die Länge ziehen. Am Anfang sollte man es genug sein lassen, sobald das Pferd sich willig abkniet und keine Anstalten macht, von sich aus wieder aufzuspringen.

Das Knien ist genau genommen nichts anderes, als zwei Komplimente nacheinander abzufragen. Da Smoke das Kompliment mittlerweile auf beiden Seiten gut beherrscht, gelingt ihm auch diese Lektion auf Anhieb.
Foto: Karin Tillisch

Ablegen

Auf dem Weg zum ultimativen Vertrauen

Wir nähern uns nun dem größten Vertrauensbeweis, den ein Pferd erbringen kann – dem Liegen.
Das Liegen ist in verschiedene Phasen unterteilt. Es ist ganz normal, wenn Ihr Pferd bei dieser Übung einige Male aufspringt und etwas unruhig wird – schließlich verlangen Sie von ihm, dass er Ihnen »blind« vertraut. Ein Pferd legt sich nur dann hin, wenn es sich absolut wohl und sicher fühlt. Lassen Sie sich jetzt wieder genauso viel Zeit, wie beim Kompliment. Nehmen Sie Ihr Pferd sozusagen »sanft bei der Hand« und führen sie es ohne zu große Erwartungen durch diese Übungen. Sie werden erstaunt sein, wie Ihr Pferd versuchen wird, es Ihnen recht zu machen.

Kommando:
Down oder Ab

Ausrüstung:
Stallhalfter, 2 Stricke à 2 Meter, Gerte, Leckerlis

Aufbaumöglichkeiten:
Aus dem Ablegen werden wir später das aufrechte Liegen, Totliegen und Sitzen entwickeln.

Bevor Sie mit dem Einüben der Lektion beginnt, sollten Sie erst einmal beobachten, wie Ihr liegendes Pferd reagiert, wenn Sie sich ihm nähern.
Gehen Sie in den Stall, wenn Sie davon ausgehen, dass Ihr Pferd liegt. Machen Sie sich deutlich, aber ruhig bemerkbar, und gehen Sie langsam und ganz selbstverständlich auf es zu. Das Pferd sollte höchstens den Kopf drehen, aber keinesfalls aufspringen, wenn es Sie sieht.
Für mich ist das flache Liegen des Pferdes die anspruchsvollste Lektion von allen, da das Pferd dem Menschen unendlich vertrauen muss. Ein Pferd auf Kommando und ohne Hilfsmittel zum Hinlegen bewegen zu können, festigt und untermauert das Vertrauen zwischen Vierbeiner und Mensch.

Vorbereitungen

Wenn Sie diese Lektion mit dem Pferd einstudieren, müssen Sie für absolute Ruhe sorgen. Am Anfang sollte man auf Zuschauer eher verzichten. Wenn das Pferd schon beim ersten Hinlegen schlechte Erfahrungen macht, wird es sich das nächste Mal sicher vehement gegen die Lektion sträuben. Um wirklich alle Unruhefaktoren auszuschließen, wird hierbei sogar oft auf einen Helfer verzichtet.

Ablauf

Für das erste Ablegen ist die Arbeit mit der Trense oder einem sehr gut sitzenden Halfter mit zwei Stricken wieder notwendig. Ich persönlich bevorzuge gerade in dieser heiklen Situation das Halfter, da man so gar nicht in Versuchung kommt, etwas zu erzwingen.
Zum Ablegen lässt man das Pferd hinknien und stellt sich seitlich daneben. Nehmen Sie die Zügel auf und stellen Sie den Kopf des Pferdes sehr langsam in die von Ihnen abgewandte Richtung. Wenn Sie links vom Pferd stehen, geht der Kopf nach rechts. Dann führen Sie die rechte Hand weit nach hinten und halten sie deutlich vom Pferd weg – ein »Über-den-Rücken-Ziehen« würde das Pferd nur veranlassen, sofort aufzuspringen. Nun vibrieren Sie mit der Hand, bis das Pferd sich immer mehr stellt und dem leichten Druck nachgibt. Diese Übung wiederholen Sie einige Male und beim leisesten Anzeichen von Unruhe lassen Sie das Pferd wieder aufstehen. Loben Sie es. Es muss sich nicht gleich hinlegen. Gerade bei besonders temperamentvollen und ängstlichen Naturen, dürfen Sie das einfach nicht erwarten.
Wenn das Pferd der Hand nachgibt und schon die Tendenz zum Niederlegen zeigt, touchiert die freie Hand seine Hinterhand. Es wird

dann – wie es das beim End of Trail gelernt hat – diese ein wenig vorsetzen, damit beugen und in eine Position kommen, in der es nur zwei Auswege gibt: hektisches Aufspringen oder Hinlegen. Jetzt werden Sie sehen, ob das Pferd Ihnen vertraut. Denn dann wird es sich – mehr oder weniger elegant – einfach hinplumpsen lassen. Jetzt darf man das Pferd auf keinen Fall mit Gewalt am Boden halten. Zügel sofort lockern, Gerte weg von den Hinterbeinen und ausgiebig, aber ruhig loben. Leckerlis und Lob gibt es im Anfangsstadium dieser Lektion nur so lange, wie das Pferd liegt. Man füttert das Pferd, indem man ihm das Leckerli über den Rücken hinweg reicht und Kopf und Hals somit in der Biegung hält. Ein so gebogenes Pferd kann eigentlich gar nicht aufspringen, und das Futter verstärkt das Wohlgefühl in der neuen Position. Viele Pferde sind so perplex, dass es nun das war, was Sie von ihm wollten, dass sie anfangs gar nicht ans Aufstehen denken.
Hat sich das Pferd das erste Mal hingelegt und macht Anstalten zum Aufstehen, geben Sie deutlich das Kommando »Auf« und lassen es hochkommen. Diese Lektion darf am Anfang nicht zu oft gefordert werden. Am ersten Tag reicht es vollkommen, wenn das Pferd kurz am Boden liegt sich sein Leckerli holt und langsam wieder hochkommt. Einige Tage später können Sie dann anfangen, die Zeit am Boden zu verlängern. Die Zeitspanne kann man mit geeigneten Leckerlis ausdehnen. Eine lange Karotte oder ganz dünne getrocknete Baguettestangen sind recht nützlich. Solange ein Pferd kaut, fühlt es sich meistens auch wohl.
Irgendwann kann man diese Übung an den Schluss des Trainings – sozusagen als Belohnung – setzen.

Herrscht auch bei dieser Lektion absolutes Vertrauen wird sich das Pferd nicht so schnell veranlasst fühlen aufzustehen.
Foto: Karen Weber

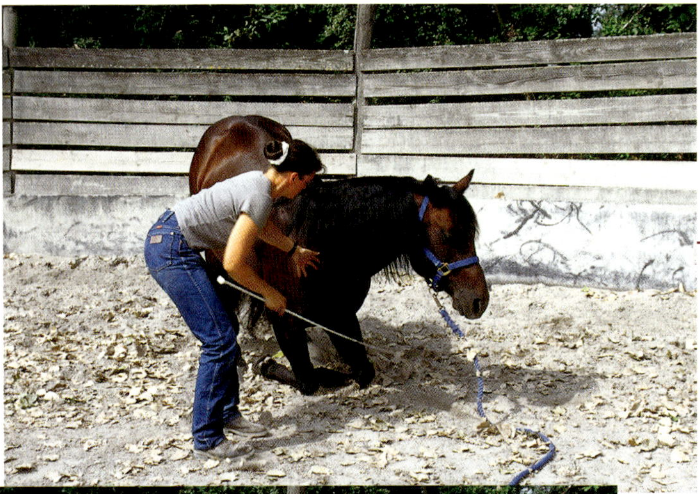

Man sieht auf diesem Bild schön, dass Smoke das Gewicht wirklich mit den Vorderbeinen stützt und nicht auf die Brust absinkt, was ein sehr häufiger Fehler ist. Die Vorderbeine bilden einen Winkel von etwa 90 Grad. So kann das Gewicht optimal verteilt werden und später wäre auch ein Knien unter dem Reiter gut möglich.

Smoke beginnt sich langsam aus dem Knien heraus, in das Liegen abzusenken. Wie Sie sehen, übt Sita auch hier keinen Druck auf das Pferd aus, sondern lässt es wieder selbst seinen Weg finden.

Smoke liegt zum ersten Mal auf Kommando. Beim Ablegen sollte der Ausbilder nicht auf der Seite des Pferdes stehen, auf der sich die Beine befinden. Denn sollte das Pferd aufspringen, könnte der Ausbilder versehentlich getroffen werden.
Fotos: Karin Tillisch

Das Liegen

Ein großes Geschenk

Nun haben Sie es geschafft – mehr Vertrauen kann Ihnen Ihr Pferd kaum schenken. Es hat 100 % seiner Fluchtmöglichkeiten aufgegeben, es vertraut Ihnen ebenso sehr, wie es einst seiner Mutter vertraut hat. Wenn Ihr Pferd sich nun auch noch flach hinlegen lässt, so dass es nicht einmal mehr den Kopf über der Erde trägt, um sein Umfeld zu beobachten, dann ist das nicht nur Vertrauen – dann ist das absolute Harmonie. Oder, wie es die Moderatoren auf Veranstaltungen formulieren, wenn sie solch ein Schaubild sehen: Das muss Liebe sein.

Lektion: Totliegen

Kommando:
Down und Get Down (für das ganz flache Liegen)

Ausrüstung:
Stallhalfter, 2 Stricke à 2 Meter, Leckerlis

Aufbaumöglichkeiten:
Aus dem Liegen kann man so allerlei lustige Nummern entwickeln, wie etwa das »Zu-Bett-Gehen« oder eine schöne Schmusenummer.

Kombinationsmöglichkeiten:
In Kombination mit dem Apportieren kann man dem Pferd beibringen, sich zum Beispiel selbst zuzudecken.

Step by Step

Hier verlangt man dem Pferd nun wirklich den ultimativen Vertrauensbeweis ab. Bisher hatte es beim Liegen immer noch die Möglichkeit, alles zu überblicken und zu hören, da es Kopf und Hals drehen konnte. Beim so genannten Totliegen jedoch liegt es flach am Boden und ist Ihnen auf Gedeih und Verderb »ausgeliefert«. Diese Lektion muss sehr langsam erarbeitet werden, man darf dem Pferd hier nur zeigen, was man wünscht und es keinesfalls dazu zwingen. Man kann deutlich sehen, wenn Pferde zu etwas gezwungen werden. Auf Shows erkennt man solch eine Trickserei recht schnell. Die Pferde sind zum Zerreißen angespannt, sie halten den Kopf und Hals beim Totliegen oft wenige Zentimeter über dem Boden in der Schwebe – und man sieht viel Weiß in ihren Augen.
Es gibt Pferde, die sich von alleine flach hinlegen oder die nur sanft dazu aufgefordert werden müssen. Shadow zum Beispiel genügt es, dass ich

Hier noch einmal alle Phasen des Ablegens. Zunächst touchiere ich Shadow zum Kompliment an.

... darauf hin erfolgt das Knien.

Shadow dreht den Kopf etwas von mir weg. Ich nehme die Gerte von seinen Vorderbeinen und drehe mich, um seine Hinterbeine erreichen zu können.

Ich touchiere Shadow an der Hinterhand wie zur Bergziege an, damit er die Hinterbeine ein wenig nach vorne schiebt ...

... Shadow legt sich ab und sucht dann wieder seine Balance.

Geschafft! Shadow bleibt ruhig und korrekt liegen.

Jetzt ermutige ich Shadow mit sanftem Druck meiner Hand am Hals, sich flach hinzulegen.

Shadow kommt der Aufforderung gerne nach, benutzt mich als »Kopfkissen« und beginnt, vor sich hinzudösen!
Alle Fotos dieser Sequenz: Sita Stepper

einfach den Arm um ihn lege und mich neben ihn auf den Boden setze. Ein sanfter Druck mit der Handinnenfläche an seinen Hals und er liegt in meinem Schoß.

Zum Üben geht man folgendermaßen vor: Das Pferd wird wie gewohnt abgelegt. Sie behalten den äußeren Zügel in der Hand, warten, bis das Pferd sicher aufrecht liegt, und geben ihm dann ein Leckerli. Gehen Sie neben dem Rumpf des Pferdes in die Hocke und bieten Sie ihm ein weiteres Leckerli an.

Wenn das nicht reicht, kann man alternativ ein wenig am äußeren Zügel zupfen. So »rollt« man das Pferd quasi auf die Seite. Die meisten Pferde heben am Anfang den Kopf immer wieder etwas an, weil sie der Angelegenheit noch nicht so recht trauen. Ich spreche dann beruhigend auf das Pferd ein und lege ihm einfach mal die Hand auf den Hals. Mit Kraft erreicht man hier gar nichts. Denn wenn das Pferd aufspringen will, hätte ich mit meinen 50 Kilo kaum eine Chance, es zu halten. Ich würde es auch keinem raten, denn nichts ist gefährlicher, als ein Fluchttier in Panik, das meint, dass es nicht mehr auf die Beine kommt. Das kann wirklich lebensgefährlich werden. Ich verbanne bei diesen Lektionen jedes bisschen Anspannung aus meinem Körper und alle Zweifel, da dies sich sonst gleich auf das Pferd überträgt.

Die Steigerung vom Liegen ist das Totliegen. Mit dem entsprechenden Outfit und passender Musik kann diese Lektion in einer Show dem Publikum schon mal die Tränen in die Augen treiben.
Foto: Marianne Tillisch

»Schmuse-Nummern« im Liegen

Besonders beliebt bei Liege-Nummern sind kleine Tricks, bei denen auch der Reiter mitwirkt. Profis stehen dem Pferd hierbei auf die Schulter und knallen mit Peitschen oder lassen Luftballons zerplatzen. Davon würde ich aber in der Anfangsphase aus Sicherheitsgründen auf jeden Fall abraten. Man kann jedoch einige kleinere Nummern zeigen, die ungefährlich sind. Hierbei muss man darauf achten, dass man sich immer auf der entgegengesetzten Seite der Beine des Pferdes befindet. Wenn das Pferd dann unerwartet aufspringt, kommt man zumindest nicht unter die Hufe. Beim

Aufrechtliegen haben die meisten Pferde gar nichts dagegen, wenn man sich seitlich im Damensitz auf sie setzt. Gleich richtig aufzusitzen ist keine gute Idee, da die Pferde dadurch anfangs erschrecken können. Das Pferd muss Schritt für Schritt daran gewöhnt werden. Beim Totliegen kann man sich ebenfalls in gleicher Manier einfach auf die Schulter des Pferdes setzen. An dieser Stelle tut man dem Pferd nicht weh, da sich dort Muskeln befinden. Setzt man sich auf die Rippen, kann das Unwohlsein und Schmerzen verursachen. Man kann sich auch auf die Schulter des Pferdes knien, dann allerdings bitte so, dass man in dieselbe Richtung wie das Pferd schaut. Das Gewicht sollte auf die Seite ohne Beine verlagert sein. Sollte das Pferd jetzt nämlich aufspringen, fällt man auch in diese Richtung.
Etwas schwieriger und auch gefährlicher ist es, sich auf ein totliegendes Pferd komplett draufzulegen. Diese Nummer ist aber sehr publikumswirksam. Hierzu knien Sie sich zunächst neben das Pferd. Streichen Sie es vorher einmal überall am Körper ab, damit es vor der Berührung nicht erschrickt. Nun heben Sie sehr langsam ein Bein gestreckt über seinen Rumpf. Dann ziehen Sie den Rest Ihres Körper nach, bis Sie flach auf dem Pferd liegen. Ihr anderes Bein befindet sich allerdings noch neben dem Pferd (auf der Seite ohne die Pferdebeine), sozusagen als »Sicherheitsanker«. Erst, wenn Sie sich ganz sicher sind, ziehen Sie sich ganz auf das Pferd. Achten Sie darauf, dass Sie bei dieser Übung immer mehr Gewicht auf die Seite verlagern, auf der die Pferdebeine nicht liegen. Hierzu ist es hilfreich, einen Fuß einfach auf den Boden hängen zu lassen und die Hüfte ein wenig abzukippen, damit Sie im Fall der Fälle schon einmal in »Flugrichtung« liegen. Das Gesicht sollte ebenfalls nach Möglichkeit immer von den Hufen abgewandt sein. Beobachten Sie die Mimik Ihres Pferdes. Man spürt in dieser Haltung jeden Muskel unter sich. Sie werden es fühlen, wenn Ihr Pferd daran denkt, aufzustehen. Sie können dann schnell genug reagieren.

Zirkuslektionen sollten nie dem Menschen dazu dienen, sich auf Kosten seines Pferdes zu profilieren. Wer diesen Ausbildungsweg wählt, muss sein Pferd als Partner betrachten, nicht als Mittel zum Zweck, wie es leider oft propagiert wird. Ich persönlich bin der Ansicht, dass es das Pferd ist, das die eigentliche Leistung erbringt – ich assistiere ihm nur.
Foto: Karen Weber

Das Aufsetzen

Kommando:
Fuß
Ausrüstung:
Stallhalter, 2 Stricke à 2 Meter, Gerte, Leckerlis
Aufbaumöglichkeiten:
Dies ist die Vorübung zum Sitzen.
Kombinationsmöglichkeiten:
Man kann dem Pferd auf diese Weise beibringen, sich aus dem Sitzen wieder ins Liegen sinken zu lassen.

Step by Step

Lassen Sie das Pferd ablegen. Wie bei allen Lektionen am Boden ist Ruhe der allerwichtigste Faktor. Auch wenn mal etwas schief geht – gerade beim Sitzen kann es des Öfteren passieren, dass das Pferd aufspringt – bewahren Sie Ruhe, und fangen Sie einfach immer wieder von vorne an!
Wenn das Pferd einige Sekunden lang (10–20 Sekunden reichen) ruhig liegt, stellen Sie sich auf die Seite ohne die Beine des Pferdes, etwa auf Widerristhöhe und nehmen Sie die Gerte zur Hand. Touchieren Sie nun das äußere angewinkelte Vorderbein des Pferdes an der Stelle, an der Sie es auch beim Spanischen Tritt touchieren, und geben Sie jetzt auch dasselbe Stimmkommando wie zum Spanischen Tritt. So fällt es dem Pferd leichter zu verstehen, was Sie wünschen. Das Pferd wird versuchen, das Bein zu heben und es eventuell einfach nach vorne strecken. Sollte das Pferd aufspringen, machen Sie sich nichts daraus, denn es hat auf jeden Fall verstanden, dass es etwas mit seinen Beinen machen soll.
Fordern Sie es dazu auf, sich erneut hinzulegen. Lassen Sie es einen Augenblick liegen und touchieren Sie erneut das Vorderbein. Touchieren Sie nie zuerst das Vorderbein, das das Pferd beim Liegen zur Hälfte unter sich hat, denn dann wird es sich noch mehr als ohnehin schon dazu aufgefordert fühlen, aufzuspringen! Ist also das äußere Vorderbein ausgestreckt, touchiert man auch das andere, bis das Pferd beide Beine einfach einmal vor sich ausgestreckt am Boden hat und lobt es dann ausgiebig.
Das Pferd darf nie aus dieser Stellung aufspringen. Wenn es mal versehentlich passieren sollte, dann lassen Sie es wieder ablegen. Versuchen Sie es noch einmal.
Bleibt das Pferd brav, mit ausgestreckten Beinen liegen, so fassen Sie es sanft am Hals und bewegen es mit ruhiger Stimme und dem entspre-

chenden Kommando wieder dazu, sich flach hinzulegen und einen Augenblick liegen zu bleiben. Wenn es sich jetzt wieder aufsetzt und die Beine wieder normal angewinkelt hat, dann geben Sie ihm das Kommando zum Aufstehen.

Auf diese Weise können Sie verhindern, dass ein Pferd sich entweder immer automatisch hinsetzt oder unaufgefordert aufspringt.

Das Aufsetzen: Da Shadow gelernt hat, seine Vorderbeine auf Antouchieren zu heben (Step Control) benutze ich dieses Signal, um ihm aus dem aufrechten Liegen ohne Stress und Druck das Sitzen beizubringen.

Ich touchiere nacheinander beide Vorderbeine, damit er sie gerade nach vorne heraustreckt.

Shadow kommt auch der Aufforderung das zweite Bein nach vorne zu befördern nach. Wie man auf diesem Bild erkennen kann, bewirkt diese Zwischenstufe bereits ein Anheben der Brust des Pferdes.

Jetzt bitte ich Shadow über das normale Signal zum Rückwärtsgehen (bei Shadow das Stimmkommando »Back up«) mit den Vorderbeinen sozusagen »unter seinen Bauch zu laufen«. Aufmerksam kommt er der Aufforderung nach.

Ich breche das Rückwärtsgehen im richtigen Moment mit dem Kommando Steh (bei Shadow einfach »Whoa«) ab. Shadow verharrt in dieser Position, die dem Sitzen schon sehr ähnelt.

Fotos: Sita Stepper

Das Sitzen

Mach Sitz!

Die Lektion Sitzen habe ich in zwei Phasen unterteilt – das Aufsetzen und das eigentliche Sitzen. Das Sitzen ist eine unnatürliche Position für Pferde. Dennoch gefällt sie ihnen, wenn sie verstanden haben, wie es geht. Es mag daran liegen, dass der Rücken dabei wieder gewölbt ist und sie auf der Schweifrübe sitzen. Vielleicht werden dadurch gewisse Meridiane aktiviert, die ein Wohlgefühl durch den Körper strömen lassen oder die Position an sich hat einfach etwas immens Reizvolles für unsere Vierbeiner.

Kommando:
Sitz, Sitzen und Schön Sitzen (wenn Sie das Pferd dazu bewegen wollen, noch etwas steiler zu sitzen)

Ausrüstung:
Stallhalfter, 2 Stricke à 2 Meter, Gerte, Leckerlis, Helfer

Kombinationsmöglichkeiten:
Eine Kombination mit dem Spanischen Tritt erweckt beim Zuschauer den Anschein, als würde einem das Pferd zuwinken. Wenn das Pferd einen Gegenstand apportieren kann, kann man es zum Beispiel am Ende einer Vorstellung mit einem Tuch winken lassen.

Mit etwas Übung sieht das Ganze nach einiger Zeit dann so aus …
Foto: Karen Weber

Step by Step

Ihr Pferd lässt sich die Beine nach vorne touchieren, legt sich auch wieder flach hin und macht keinerlei Anstalten mehr, aus dieser Position ohne entsprechendes Kommando aufzuspringen. Dann kommen wir jetzt zu dem etwas kniffligeren Teil auf dem Weg zum Sitzen. Nehmen Sie die Zügel auf und stellen Sie den Kopf des Pferdes deutlich von sich weg. Geben Sie einen leichten Rückwärts- und zugleich Hoch-Impuls verbunden mit dem deutlichen Kommando Sitz. Wenn Ihr Pferd sonst nicht gerne rückwärts geht, sollten Sie vielleicht zunächst noch eine kleine Zwischenübung einbauen.

Übung

Ihr Pferd steht mit Halfter und zwei im Halfter eingehakten Stricken neben Ihnen. Nehmen Sie die Stricke auf und geben Sie einen leichten Rückwärtsimpuls. Sobald das Pferd auf den Impuls reagiert, muss der Druck sofort aufhören. Üben Sie solange, bis Ihr Pferd auf ein leichtes Signal hin mindestens vier Schritte zurückgeht, denn es wird etwa zwei bis drei Schritte mit der Vorhand brauchen, um sich ins Sitzen hochzuschieben. Natürlich ist es gut möglich, dass Ihr Pferd sofort aufspringt und nach hinten wegeilt. Jetzt bloß nicht aus der Ruhe bringen lassen oder das Pferd gar bestrafen. Ihr Pferd hat ja eine Reaktion gezeigt, nur leider noch nicht verstanden, was Sie von ihm möchten. Sollte das Pferd also aufspringen, dann führen Sie es wieder zu der Position zurück, wo es aufgesprungen ist, und beginnen Sie in aller Ruhe noch einmal von vorne.
Lassen Sie auch zwischen den einzelnen Abschnitten (ablegen, totliegen, Beine vor, sitzen) mehr Zeit verstreichen, zählen Sie nach jeder Lektion langsam auf fünf. Das gibt Ihnen und Ihrem Pferd Zeit, Körper und Geist zu ordnen. Bedenken Sie immer: Das Sitzen ist keine »natürliche« Lektion und bedarf daher viel mehr Einfühlungsvermögen und auch Zeit, wie die vorherigen Lektionen.
Auch bei dieser Übung sollten Sie einen Helfer dabei haben, der das Pferd füttert, sobald es beginnt, die Vorderbeine nach hinten zu schieben. Sie können so den Kopf etwas nach unten locken.
Damit wird das Aufspringen zumindest eine ganze Weile hinausgezögert. Am Anfang lässt man das Pferd nur zwei bis vier Sekunden in dieser Position verharren und dann wieder auf Kommando aufspringen.

Verfeinerung der Lektion

Beim Sitzen beginnt man mit einer sehr »tiefen« Einstellung, also so, dass das Pferd sich nur ein klein wenig vorne hochstützt. Wenn es dann aufzuspringen versucht, hat man unter Umständen sogar wieder die Chance, es ins Liegen zurückzuholen.
Mit der Zeit reduziert man auch die seitliche Stellung des Kopfes – diese sollte anfangs nur als »Notbremse« dienen, bis das Pferd versteht, was gewünscht ist und nicht mehr ganz aufspringt. Es muss selbst lernen, wie es die Beine am besten hinstellt, man kann höchstens dann und wann mit den eigenen Füßen etwas nachschieben. Ich strafe das Pferd nicht, wenn es bei den ersten Sitzversuchen probiert, sich bei mir anzulehnen. Es sucht nur eine Balancehilfe. Oft genügt es den Pferden, wenn man einfach die

Hand auf den Widerrist legt und sozusagen »Mauer« spielt. Mit der Zeit sollte man aber die Distanz zum Pferd immer mehr vergrößern, damit es lernt, frei zu sitzen.
Ein weiteres Problem ist, wenn man die Lektion neu erarbeitet hat, dass die Pferde mit den Vorderbeinen wieder nach unten rutschen und beinah einen Spagat hinlegen.
Anfangs ist das Sitzen eher ein »Auf-der-Stelle-Rudern«, ähnlich, wie wenn wir Menschen plötzlich einen Kopfstand machen sollen. Dabei brauchen wir zu Beginn auch noch die Hände als Stütze. Ich gebe den Pferden dann die symbolische Stütze, wie oben erwähnt. Wenn es nach unten rutscht, kann man auch mal versuchen, ihm einfach die flache Hand gegen die Brust zu drücken und es somit nach hinten zu schieben. Sensible Pferde führen später alleine auf den Druck eines Fingers auf diese Stelle die Lektion aus!

In Shows lässt sich das Sitzen vielseitig verwenden – allerdings gehört zu dieser Variante neben Geschick auch viel Mut von Seiten des Ausbilders.
Foto: Karin Tillisch

Das Podest

Auf dem Podest

Ein Pferd auf ein Podest zu bekommen ist meist keine große Sache – es wieder herunter zu bekommen manchmal aber schon.
Pferde sind Steppentiere und waren stets darauf bedacht, mit hoch erhobenem Kopf ihr Umfeld genau zu beobachten. Nur so konnten sie herankommende Gefahren rechtzeitig erkennen.
Durch das Podest geben Sie nun Ihrem Pferd die Möglichkeit, ein bisschen zu »schummeln« – es wird dadurch größer als es eigentlich ist.
Sie können sich gar nicht vorstellen, was das für das Selbstbewusstsein von eher schüchternen »Pferdenaturen« bedeutet. Diese Pferde scheinen dann auch geistig ein Stück zu wachen. Junge Pferde haben meist einen Riesenspaß an dieser »Kletterübung mit Anleitung« – ältere Pferde scheinen dadurch ein unglaubliches Selbstwertgefühl zu erfahren. Was das Podest auf jeden Fall auch bewirkt ist, dass die Kommunikation zwischen Ihnen und Ihrem Pferd feiner wird. Jetzt haben Sie keinen 20 x 60 m großen Platz mehr, um Ihre Signale zu geben, sondern nur noch knapp 1 x 1 m. Ihr Pferd wird nun lernen, auch auf die leisesten Signale zentimetergenau zu reagieren. Sie werden lernen, eben diese Signale so leise und fein zu geben, dass diese Art der Harmonie entstehen kann.

»Ich bin der König der Welt.« Shadow findet das Podest mitunter so klasse, dass er minutenlang mit den Vorderbeinen darauf stehen bleibt und sich umschaut – ganz ohne mein Zutun!
Foto: Karin Tillisch

Durch die Arbeit am Podest bekommt das Pferd ein völlig neues Gefühl für seinen Körper und die Koordination seiner Beine. Es muss unbedingt dazu erzogen werden, auf die Signale des Trainers zu warten. Das ist wichtig, da am Podest die kleinste Hektik schon zu Unfällen führen kann. Es gibt fast kein Podest, an dem sich ein Pferd nicht verletzen kann. An den pyramidenförmigen Podesten kann es sich die Beine beim Herabsteigen vertreten, zylinderförmige können kippen, an eckigen kann es sich die Beine aufreißen usw.
Das alles passiert wohlgemerkt nur, wenn man nicht genau oder mit der nötigen Sorgfalt und Ruhe arbeitet! Wenn Sie mit Ihrem Pferd die ersten Male am Podest üben, rate ich Ihnen, die Beine gut einzubandagieren, wenn möglich bis zum Kronrand. Die Bandagen müssen nicht übermäßig gepolstert sein, es geht lediglich darum, dass, wenn Ihr Pferd am Anfang etwas unglücklich »herunterpoltern« sollte, es sich nicht gleich die Haut zerkratzt und sofort die Lust an dieser Arbeit verliert.

Beinchen hoch!

Kommando:
Auf oder Hopp
Ausrüstung:
Stallhalfter, Strick 3-4 m, Gerte, Leckerlis
Aufbaumöglichkeiten:
Dies ist der Grundbaustein für alle weiteren Lektionen auf dem Podest.

Step by Step

Zunächst machen Sie Ihr Pferd in aller Ruhe mit dem Podest vertraut. Gerade wenn Sie ein buntes oder metallenes Podest haben, müssen Sie Ihr Pferd erst einmal davon überzeugen, dass dieses Ding ungefährlich ist. Führen Sie dazu Ihr Pferd einige Male einfach aus allen möglichen Richtungen an dem Podest vorbei und auch einige Male um das Podest herum, so dass es den neuen Gegenstand aus jeder Perspektive betrachten kann. Wenn es dabei nur von der Seite an das Podest herantreten will, lassen Sie es ruhig.

Nachdem Ihr Pferd das Podest nun im Vorbeilaufen beäugen konnte, stellen Sie es direkt an es heran. Legen Sie einige Leckerlis darauf. Ermutigen Sie Ihr Pferd, die Leckerlis zu holen. Viele Pferde verlieren ihre Angst vor einem fremden Gegenstand, wenn sie ihn mit dem Maul inspiziert und angestupst haben.

Stellen Sie Ihr Pferd nun mit den Vorderbeinen möglichst nahe an das Podest heran, aber nicht direkt davor. Es muss noch Platz haben, seine Vorderbeine zu bewegen.

Stellen Sie sich auf die andere Seite des Podestes und touchieren Sie Ihr Pferd am Vorderbein wie zum Spanischen Schritt an. Normalerweise sollte es jetzt zumindest das Bein etwas heben, im Idealfall wird es sein Bein auf das Podest stellen. Loben Sie Ihr Pferd bei dieser Reaktion. Sollte es zögern, dann verfahren Sie folgendermaßen: Stellen Sie sich neben Ihr Pferd und heben Sie eins seiner Vorderbeine vorsichtig auf das Podest, so wie auf den Bock beim Hufschmied. Das dürfte für Ihr Pferd ein bekanntes »Manöver« sein.

Wenn Ihr Pferd das Bein gleich wieder herunterzieht, ist das erst einmal in Ordnung. Stellen Sie seinen Fuß einfach wieder kommentarlos auf das Podest. Sollte es anfangen, auf das Podest einzutrommeln, lassen Sie es in dieser Phase auch einmal gewähren. Manche Pferde scheinen sich auf

diese Art zu vergewissern, dass dieses Ding entweder ungefährlich ist oder ihr Gewicht aushalten kann.
Üben Sie dieses Manöver mit beiden Vorderbeinen und ändern Sie zwischendurch auch immer die Position des Pferdes, so dass es gleich von Anfang an lernt, sich von jeder Seite auf das Podest stellen zu lassen. Wenn Ihr Pferd ein Vorderbein ruhig auf dem Podest verharren lässt, loben Sie es ausgiebig. Signalisieren Sie ihm mit leichtem Druck auf die Brust, wieder abzusteigen und lassen Sie es dann gut sein.

Smoke lernt das Podest kennen und macht seinen ersten Schritt hinauf.

Sita ermutigt Smoke dazu, auch das andere Bein auf das Podest zu stellen. Etwas unsicher kommt Smoke der Aufforderung nach.

Smoke steht zum ersten Mal mit den Vorderbeinen auf dem Podest. Man kann an seiner ganzen Haltung gut erkennen, dass er sich jetzt wohl wie »der Größte« vorkommt!

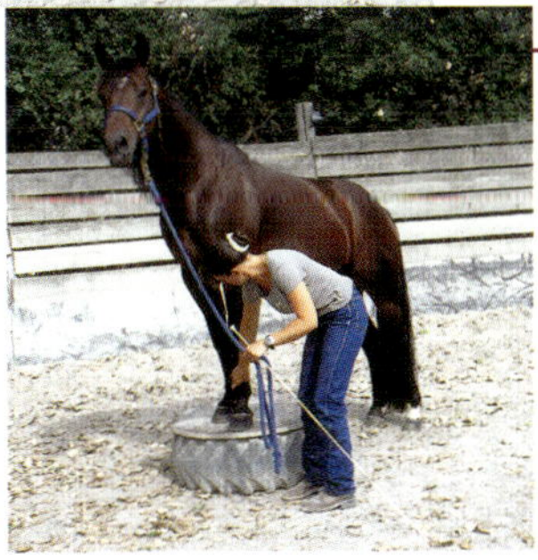

Da Smoke etwas schief auf dem Podest stand, bringt Sita ihm die Vorderbeine in die richtige Position, damit bei den folgenden Übungen das Podest nicht kippen kann.
Fotos: Karin Tillisch

Aufsteigen

Und hepp! Auch Max lernt bei Silke aufs Podest zu steigen. Diese Kabeltrommeln eignen sich jedoch nur für das Aufsteigen mit den Vorderbeinen, beim Aufsteigen mit allein Vieren würden sie kippen.
Foto: Karin Tillisch

Kommando:
Auf oder Hopp
Ausrüstung:
Stallhalfter, Strick 3-4 m, Gerte, Leckerlis

Nachdem Ihr Pferd nun Vertrauen zum Podest gefasst hat, können Sie an das erste richtige Aufsteigen gehen. Hierzu befindet sich das Podest wieder zwischen Ihnen und Ihrem Pferd. Touchieren Sie es an einem Vorderbein wie bei der Lektion Beinchen hoch. Es sollte nun das Bein bereitwillig auf das Podest stellen. Da manche Podeste zum Kippen neigen, sollte Sie Ihrem Pferd nun noch beibringen, dass es auf weiteres Touchieren das Bein auch noch auf dem Podest verschieben kann, ehe Sie mit der nächsten Lektion fortfahren.
Steht das Pferd mit einem Bein nun sicher, etwa ein bis zwei Handbreit vom Mittelpunkt des Podestes entfernt, kommt der schwierige Teil. Das Pferd soll nun das andere Bein auf das Podest stellen. Hierzu ist ein langes Leckerli, zum Beispiel eine Karotte, oft hilfreich. Zeigen Sie dem Pferd die Karotte. Es wird nun sicherlich beginnen, den Hals in Richtung Karotte zu strecken. Touchieren Sie es jetzt am anderen Vorderbein an. Sollte es noch zögern, können Sie es durch ein leichtes Zupfen am Strick dazu veranlassen, auch das zweite Bein auf das Podest zu stellen. Sobald das Pferd oben ist, geben Sie ihm sofort die Karotte, lassen den Strick locker durchhängen und loben es ausgiebig. Wenn Ihr Pferd gleich darauf wieder absteigen will, lassen Sie es erst einmal. Vielleicht ist ihm das Ganze einfach noch ein wenig zu unheimlich. Die meisten Pferde jedoch, die ich bisher kennen gelernt habe, wollen eher gar nicht mehr vom Podest runter! Besonders Wallache und Hengste scheinen sich dann wirklich wie die Größten vorzukommen!
Es kann aber auch sein, dass Ihr Pferd dem Ganzen nicht wirklich traut und sich partout weigert, ein weiteres Bein auf das Podest zu stellen. Jetzt wäre ein fachkundiger und ruhiger Helfer eine feine Sache, der dem Pferd einfach das zweite Bein auf das Podest stellt, während Sie mit Karotte, Stimme und leichtem Zupfen das Pferd nach vorne locken. Oft ist es für etwas zaghafte Naturen auch eine große mentale Unterstützung, wenn einfach noch eine Person nebendran steht.

Sicheres Absteigen

Kommando:
Runter
Ausrüstung:
Stallhalfter, Strick 3-4 m, Gerte, Leckerlis

Das Absteigen vom Podest muss in Ruhe und korrekt erfolgen. Sita stellt sich vor Smoke und gibt ihm das Kommando zum Rückwärtstreten. Mit der Gerte zeigt sie an, welches Bein er zuerst wieder auf den Boden setzen soll.

Smoke kommt der Aufforderung nach und sucht sich seinen Weg nach unten.

Smoke ist mit einem Bein unten – nun muss auch noch das andere in Ruhe heruntergesetzt werden.

Geschafft! Smoke ist sicher am Boden angekommen. Sita lässt ihn noch einen weiteren Schritt rückwärts gehen – so kommt er nicht auf die Idee, gleich wieder aufs Podest zu springen, was erstaunlich viele Pferde gerne machen.
Fotos: Karin Tillisch

Step by Step

Nachdem Ihr Pferd nun also mit seinen Vorderbeinen auf dem Podest steht und sich vorkommt, wie der König der Welt, fragen Sie sich sicherlich, wie Sie es da wieder runterbekommen.
Ob Sie es glauben oder nicht, die meisten »Unfälle« bei der Podestarbeit entstehen beim Absteigen, weil da manchmal die Konzentration sowohl beim Ausbilder als auch beim Pferd nachlässt.
Sie stehen direkt vor Ihrem Pferd. Nehmen Sie den Führstrick mit der einen Hand ein wenig kürzer und legen Sie die andere Hand an die Brust des Pferdes. Drücken Sie sanft gegen die Brust und geben Sie das Kommando Runter. Ihr Pferd wird nun das Gewicht nach hinten verlagern und eventuell etwas zögern. Lassen Sie es ruhig einen Augenblick verharren. Besser so, als blindlings hinten runter zu springen.
Geben Sie ein weiteres Signal, auf das Ihr Pferd nun mit einem Bein vom Podest steigen sollte. Lassen Sie es jetzt ruhig noch einen Augenblick in dieser Position. Wenn es sein muss, halten Sie es mit einem leichten Zug am Strick davon ab, auch das andere Bein sofort nach unten zu setzen. So können Sie später verhindern, dass Ihr Pferd vom Podest springt und sich dabei verletzt.
Drücken Sie wieder sanft gegen die Brust Ihres Pferdes und geben Sie das Kommando Runter. Jetzt kann Ihr Pferd auch den anderen Fuß herunternehmen. Lassen Sie es wieder etwa fünf Sekunden dann mit allen Vieren am Boden verharren. Gehen Sie dann ruhig um das Podest herum, loben Sie Ihr Pferd und geben Sie ihm für seine Geduld eine Leckerei.

Die Vorhandwendung auf dem Podest

Kommando:
Dreh dich
Ausrüstung:
Stallhalfter, Strick 3-4 Meter, Gerte, Leckerlis

Nachdem Ihr Pferd es nun ganz toll findet, auf das Podest hinauf- und hinunterzuklettern, können Sie den Schwierigkeitsgrad ein wenig erhöhen und eine Vorhandwendung verlangen. Hierzu ist es natürlich absolute Voraussetzung, dass das Pferd eine Vorhandwendung an der Hand zeigen kann. Ich empfehle Ihnen, die Vorhandwendung zuerst ohne das Podest zu versuchen.
Sie stehen bei dieser Lektion etwas hinter dem Widerrist des Pferdes. Nehmen Sie den Führstrick recht kurz, aber halten Sie nicht krampfhaft den Pferdekopf fest. Tippen Sie das Pferd mit der Gerte an der Hinterhand an.
Es sollte dem Gertensignal nun ein Stückchen weichen. Tippen Sie es wieder vorsichtig an, und machen Sie jetzt zudem einen kleinen kreisförmigen Schritt auf die Hinterhand zu – das wird das Pferd weiter dazu ermutigen, die Hinterhand von Ihnen wegzudrehen. Es kann vorkommen, dass Pferde so sensibel oder eifrig sind, dass sie gleich mit dem ganzen Körper, also auch mit der Vorhand, weichen wollen. Begrenzen Sie das Pferd, indem Sie seinen Kopf und damit seine Vorhand mit leichtem Druck am Strick an Ort und Stelle halten. Wenn das Pferd anfangs einen kleinen Kreis mit den Vorderbeinen läuft, ist das in dieser Übungsphase noch nicht schlimm, es fehlt ihm einfach noch an Balance. Bevor Sie aber die Vorhandwendung am Podest versuchen, muss es vorne auf alle Fälle stehen bleiben.
Wenn das alles schön in beide Richtungen klappt, stellen Sie Ihr Pferd mit den Vorderbeinen auf das Podest. Stellen Sie sich etwas hinter den Widerrist und geben Sie dem Pferd das Signal, mit seiner Hinterhand zu weichen. Da das Pferd sich jetzt auf dem Podest wesentlich mehr anstrengen muss, als am Boden, ist bei dieser Übung absolute Ruhe sehr wichtig. Verlangen Sie nur ganz kleine Schritte von ihrem Pferd. Ein Schritt mit der Hinterhand in die gewünschte Richtung sollte sofort mit Lob belohnt werden. Fordern Sie vielleicht noch einen weiteren Schritt, und lassen Sie es dann gut sein. Denn nichts ist schlimmer, als nach einer gelungenen neuen Lektion eine noch schwierigere neue Lektion zu verlangen. Das

Pferd kann so zu dem Schluss kommen, dass es nicht für das Gemeisterte belohnt, sondern durch die noch schwierigere Aufgabe regelrecht bestraft wird. Also, gerade auf dem Podest, wo die kleinste Unruhe zu einem Unfall führen kann (wenn Pferde zappeln oder hektisch werden, kann das stabilste Podest kippen), belohnen Sie jeden noch so kleinen Fortschritt, und zwingen Sie sich und Ihr Pferd zur Gelassenheit, indem Sie jede Lektion wirklich Schrittchen für Schrittchen aufbauen.

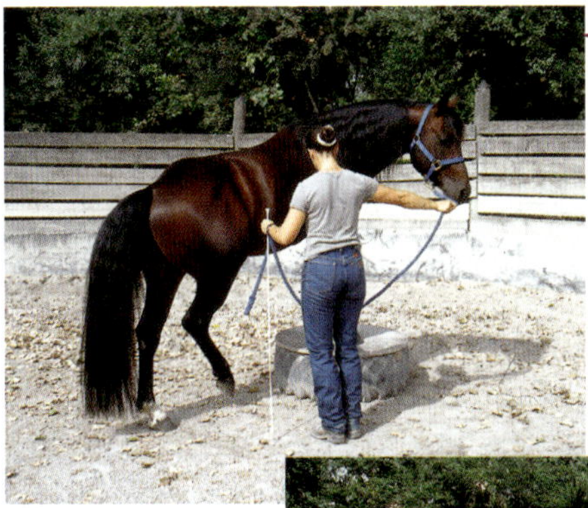

Die Vorhandwendung auf dem Podest. Diese Übung fördert das Balancegefühl des Pferdes ungemein. Hier ist deutlich zu sehen, wie Sita durch ihre eindeutige Körpersprache Smoke dazu bewegt, seine Hinterhand um das Podest herumzuschieben.

Hier das Ganze noch einmal von der anderen Seite. Sita blickt auf Smokes Hinterhand und hebt zur Verdeutlichung des Signals die Gerte ein wenig an. Hierauf beginnt Smoke erneut, mit der Hinterhand zur Seite zu weichen.

Auf diesem Bild ist schön zu sehen, wie Smoke in gebogener Linie und aufmerksam dieser Aufforderung nachkommt.
Fotos: Karin Tillisch

Bergziege oder End of Trail auf dem Podest

Kommando:
Sie sollten dasselbe Kommando wählen wie am Boden.

Ausrüstung:
Stallhalfter, Strick 3-4 m, Gerte, Leckerlis

Step by Step

Die meisten Pferde gehen recht bereitwillig mit zwei Beinen auf das Podest – aber wenn es darum geht, mit allen Vieren vom Boden »abzuheben«, da scheiden sich dann zwischen Mensch und Tier oft die Geister. So kenne ich einige ganz charmante Zeitgenossen, wie beispielsweise auch »Docs Smokey Dry«, der uns anfangs doch ernsthaft »erzählen« wollte, dass auf so ein mickriges Podest wirklich höchstens drei Hufe draufpassen. Er demonstrierte dies einige Zeit lang, indem er das linke Hinterbein einfach weit nach hinten hinausstrecke. Wir fragten uns alle, wie er das nur schafft, ohne dabei umzukippen.
Mittlerweile steht Smoke aber so gerne mit allen Vieren auf dem Podest, dass er dabei meistens anfängt zu brummeln und zu wiehern. Er findet sich selbst bei dieser Sache wohl unwiderstehlich.
Es ist mit Sicherheit am Anfang für das Pferd schwierig, gleich mit allen Vieren auf einem Podest zu stehen – und es ist vor allem auch sehr anstrengend!
Um diese Lektion zu versuchen, ist es absolute Voraussetzung, dass Ihr Pferd am Boden willig und auf Gertenzeig die Bergziege bereits ausführt und diese Position auch mindestens 10–15 Sekunden halten kann. Wenn dies der Fall ist, dann stellen Sie Ihr Pferd nun zunächst mit beiden Vorderbeinen auf das Podest.
An dieser Stelle sollten Sie noch einen kleinen Zwischenschritt einbauen. Sie sollten dem Pferd beibringen, auf touchieren mit der Gerte, die Vorderbeine auf dem Podest umzustellen: nach vorne, hinten, rechts und links. Je kleiner hierbei die Schritte sind, desto besser. Anfangs können Sie auch mit der Hand ein wenig nachhelfen. Die Vorderbeine des Pferdes sollten bei dieser Übung etwas vor dem Mittelpunkt des Podestes stehen, allerdings nicht zu nahe an den Seiten, sonst besteht die Gefahr, dass das Podest umkippt.
Stellen Sie sich jetzt wie zur Bergziege neben Ihr Pferd in Position und touchieren Sie die Hinterbeine – eins nach dem anderen. Das Pferd wird nun vielleicht erst einmal zögerlich die Beine nach vorne bis an die

Kante des Podests schieben und dann etwas ratlos dreinschauen. Kein Problem! Geben Sie ihm diese Zeit und ermutigen Sie ihn weiterhin mit sanfter Stimme und minimaler Gertenhilfe, den großen Schritt zu wagen. Nehmen Sie jetzt den Strick ein wenig kürzer, um dem Pferd eine eindeutige Begrenzung zu bieten. Bei dieser Übung ist ein Helfer erforderlich. Er sollte sich samt Leckerlis direkt vor dem Podest platzieren, das Pferd anspornen und zu sich locken.

Nun wollen wir auch die Hinterhand des Pferdes auf das Podest bringen. Da Smoke mit dem Touchieren der Hinterbeine nichts anfangen konnte, macht Sita es ihm das erste Mal leichter und stellt einfach ein Hinterbein auf das Podest.

Der Erfolg lässt nicht auf sich warten. Durch leichtes Zupfen am Halfter nach vorne, war Smoke dazu zu bewegen, auch das andere Bein auf das Podest zu stellen. Noch ist die Übung nicht perfekt, aber das wichtigste ist hierbei jetzt, dass das Pferd ruhig bleibt. Smoke findet auch diese Übung – seinem Gesichtsausdruck nach zu urteilen – wieder ganz klasse.
Fotos: Karin Tillisch

Ihr Pferd wird den Schritt nun sicherlich wagen. Wenn es dabei ein Bein weit nach hinten hinausstreckt, lassen Sie es erst einmal zu, und loben Sie es trotzdem. Sie können dann immer noch versuchen, das »Schwebebein« per Hand auf das Podest zu stellen. Bei ganz zaghaften Naturen hat es sich auch als hilfreich erwiesen, wenn man ihnen ein Hinterbein mit der Hand auf das Podest stellt, dann ein Helfer ein wenig Druck auf den Strick und das Halfter ausübt und das Pferd sozusagen in die Bewegung hineinlockt. Sobald Ihr Pferd mit allen Vieren oben steht, loben Sie es kräftig. Werden Sie aber dabei auf keinen Fall hektisch. Achten Sie darauf, dass Sie das Training nicht übertreiben, und lassen Sie Ihr Pferd spätestens nach zehn Sekunden wieder runter.

Shadow zeigt, wie diese Lektion in der Endversion aussieht. Die Beine sind dicht zusammengeschoben, der Hals ist gesenkt und der Rücken aufgewölbt. Man kann auch deutlich die Anspannung in der Hinterhand erkennen. Diese Übung ist anfangs ein wahrer Kraftakt, man sollte es also nicht übertreiben. *Foto: Karin Tillisch*

Vorne runter

Kommando:
Komm langsam
Ausrüstung:
Stallhalfter, Strick 3-4 m, Gerte, Leckerlis
Aufbaumöglichkeiten:
Dies ist die Voraussetzung für die Hinterhandwendung auf dem Podest.

Step by Step

Es ist sehr wichtig, dass Ihr Pferd nun lernt, nicht wie ein Hase vom Podest herunterzuhüpfen und damit zu riskieren, dass es ihm um die Beine fliegt. Von Anfang an sollte auch der Abstieg genauso ruhig und gesittet vor sich gehen, wie der Aufstieg. Stellen Sie sich wieder ein wenig schräg vor Ihr Pferd und ermutigen Sie es, mit leichtem Zupfen am Strick und dem Stimmkommando Komm langsam, das Podest zu verlassen. Haben Sie Geduld, manche Pferde scheinen in dieser Position wie blockiert, besser gesagt, sie müssen erst einmal selbst überlegen, wo denn nun welches Bein ist.

Aber schon recht bald wird Ihr Pferd dann mit den Vorderbeinen herunterkommen. Einige nehmen ein Bein nach dem anderen herunter, andere hüpfen mit beiden Vorderbeinen fast gleichzeitig herunter. Die erste Variante sollte allerdings angestrebt werden. Sobald die Vorderbeine unten sind, geben Sie mit einem leichten Druck auf das Halfter nach »hinten« und Ihrer Stimme dem Pferd zu verstehen, dass es die Hinterbeine nicht gleich herunternehmen soll.

Im Optimalfall verharrt Ihr Pferd nun einen Augenblick mit der Hinterhand auf dem Podest. Es reicht, wenn dieses Verharren wenige Sekunden andauert. Dann drehen Sie Ihrem Pferd die Schulter zu, zupfen es ein wenig am Strick nach vorne, geben dazu das Stimmkommando und lassen es absteigen. Manche Pferde verschätzen sich etwas mit den Maßen des Podestes. Es kann sein, dass sie mit den Hinterbeinen etwas unglücklich daran herunterschrammen. Wenn diese Gefahr im Verzug ist, einfach schnell durch vermehrtes Zupfen am Strick das Pferd zu einem größeren Schritt animieren.

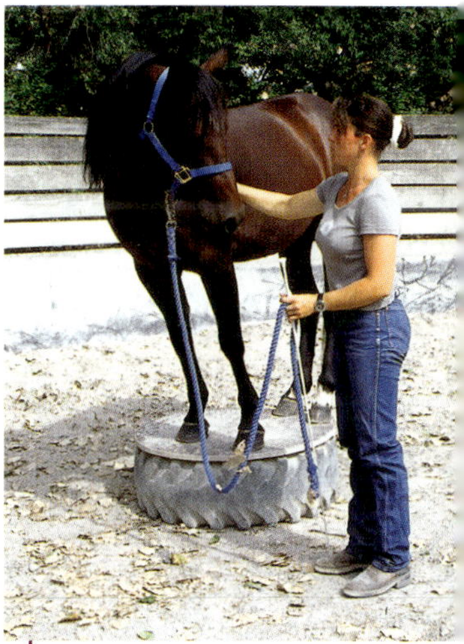

Auch Smoke fühlt sich jetzt mit allen Vieren auf dem Podest sehr wohl und wird dafür natürlich auch ausgiebig gelobt.

Der Abstieg aus dieser Lektion erfolgt nach vorne. Sita ermutigt Smoke wieder nacheinander beide Vorderbeine herunterzunehmen. Man muss in dieser Phase der Ausbildung sehr darauf achten, dass die Pferde nicht auf die Idee kommen, einfach herunterzuspringen. Das kann zu Unfällen führen.
Foto: Karin Tillisch

Shadow zeigt wieder die Endversion. Er hat gelernt, erst mit den Vorderbeinen herabzusteigen und dann mit den Hinterbeinen auf dem Podest zu verharren. Auch lange genug, um wieder für ein Foto zu posieren.
Foto: Karin Tillisch

Die Hinterhandwendung auf dem Podest

Kommando:
Rum
Ausrüstung:
Stallhalfter, Strick 3-4 m, Gerte, Leckerlis

Step by Step

Da Ihr Pferd nun gelernt hat, manierlich vom Podest zu steigen und auch mit seinen Hinterbeinen noch einen Moment darauf zu verharren, ist das Ausführen einer Hinterhandwendung auch kein großes Problem mehr. Hierzu ist es natürlich wieder erforderlich, dass Ihr Pferd die Hinterhandwendung am Boden beherrscht. Da es viele unterschiedliche Wege gibt, einem Pferd eine Hinterhandwendung beizubringen, will ich hier einen Weg kurz darstellen.

Und so sieht das Ganze dann von der Seite aus. Aus dieser Position heraus bitte ich nun Shadow, mit der Vorhand von mir wegzuweichen, also eine Hinterhandwendung auszuführen.
Foto: Sita Stepper

Man stellt sich an die Schulter des Pferdes, nimmt den Führstrick recht kurz und knufft das Pferd sanft mit dem Unterarm an die Schulter, während man seinen Kopf ein wenig von sich wegdrückt. Das Pferd wird nun die Vorderbeine kreuzen oder verschieben, und mit ein wenig Geschick, kann man es auf diese Weise eine Hinterhandwendung ausführen lassen, ohne dass das Pferd auf die Idee kommt, die Hinterbeine wegzubewegen. Stellen Sie Ihr Pferd mit allen Vieren auf das Podest, und lassen Sie es einen Moment so verharren. Loben Sie es ausgiebig, und fordern Sie es dann dazu auf, mit den Vorderbeinen wieder herunterzukommen. Ihr Pferd sollte nun mit den Hinterbeinen ruhig auf dem Podest verharren und abwarten. Stellen Sie sich jetzt neben den Kopf Ihres Pferdes, nehmen Sie den Führstrick recht kurz und biegen Sie dem Pferd sanft den Kopf ein klein wenig in die gewünschte Bewegungsrichtung. Dann knuffen Sie es leicht mit dem Ellbogen oder Unterarm an der Schulter und geben das Kommando »Rum«. Ihr Pferd sollte sich nun aufgefordert sehen, zur Seite zu weichen. Es wird sicher auch einen Schritt zur Seite machen. Gehen Sie auf jeden Fall mit, denn nur so können Sie es daran hindern, mit den Hinterbeinen das Podest zu verlassen.
Verlangen Sie am Anfang nur einen Schritt zur Seite. Lassen Sie das Pferd dann erneut verharren, loben Sie es und lassen Sie es absteigen. Das nächste Mal können Sie zwei oder drei Schritte, dann irgendwann eine Vierteldrehung verlangen. Diese Übung erfordert viel Balance von Ihrem Pferd, und es muss genügend Zeit haben, diese Schritt für Schritt zu entwickeln.
Üben Sie auch immer in beide Richtungen, also nicht erst rechts die komplette Wendung verlangen, ehe Sie links überhaupt damit beginnen. Bei einer Drehung um 180 Grad muss das Pferd die Hinterbeine auf dem Podest ein wenig umsetzen, da es sich sonst wortwörtlich »verdrehen« würde. Wenn dieser Punkt erreicht ist, kommt es Ihnen wieder zugute, wenn Sie Ihrem Pferd zuvor beigebracht haben, auf Gertenzeig die Beine auf dem Podest umzusortieren. Sie können ihm jetzt helfen, die neue Drehposition leichter zu finden.

Tricklektionen

Spaß mit Pferden

Nun kommen wir zum »Fun- Kapitel«, denn bei all der genauen Arbeit, muss auch ein bisschen Spaß sein. Die hier vorgestellten Tricklektionen haben alle einen großen psychologischen Wert: Sie werden Ihnen und Ihrem Pferd einen Heidenspaß machen.
Ist es nicht genau das, weshalb wir uns einmal ein Pferd gekauft haben? Also ich zumindest. Ich wollte nie »nur« Pokale und Schleifen sammeln oder stoisch meine Runden mit dem Pferd drehen, auf der ewigen Suche nach perfekter Technik. Ich wollte und will noch immer Spaß mit meinem Pferd haben. Auf der anderen Seite möchte ich, dass es meinem Vierbeiner gut geht und auch er Freude an unserer Zusammenarbeit hat.

Das Apportieren

Kommando:
Apport

Ausrüstung:
Halfter, Strick 3-4 m, Leckerli, zu apportierender Gegenstand (z.B. Baseballmütze oder Tuch)

Aufbaumöglichkeiten:
Apportieren von vielen verschiedenen Gegenständen. Das Pferd ist in der Lage, eine Decke über sich zu ziehen, eine Decke runter zu ziehen, eine Mütze zu klauen, seinem Partner Mensch die Jacke auszuziehen usw.

Kombinationsmöglichkeiten:
In Kombination mit dem Sitzen lassen sich witzige Nummern gestalten, wie beispielsweise Sitzen und mit einem Tuch winken.

Step by Step

Manche Pferde nehmen so ziemlich alles ins Maul. Sie tragen gerne mal Bürsten, die Halfter von anderen Pferden, Stricke, Gerten oder Äste durch die Gegend. Es gilt also diesen natürlichen Spieltrieb, einfach in geregelte Bahnen zu lenken.
Es gibt unzählige Wege, einem Pferd das Apportieren beizubringen.

Übung mit dem Honigtuch

Sie brauchen hierfür ein großes Geschirrtuch. Machen Sie an einer Ecke einen Knoten, wobei ein kleiner »Stoffzipfel« vor dem Knoten überstehen sollte. Schmieren Sie etwas Honig oder Zuckerrübensirup auf den Knoten und den äußeren Stoffzipfel.

Halten Sie Ihrem Pferd dieses Honigtuch vor sein Maul und geben Sie das Kommando »Apport«. Nachdem Ihr Pferd das Geschirrtuch ausgiebig beäugt und beschnuppert hat, wird es nun wahrscheinlich hineinbeißen. Wenn es diese Reaktion zeigt und ein wenig auf dem Geschirrtuch herumknatscht, dann geben Sie das Kommando »Aus« und schieben Sie Ihrem Pferd ein Leckerli ins Maul. Es wird so das Geschirrtuch loslassen und das Leckerli fressen. Wiederholen Sie diese Übung einige Male. Wenn das Pferd das Geschirrtuch vorher loslässt, heben Sie es wieder auf, klopfen Sie den Dreck gut ab, machen Sie wieder ein wenig Honig oder Zuckerrübensirup drauf und beginnen Sie erneut.

Übung mit der Honigmütze

Für diese Lektion benötigen Sie eine alte Baseballkappe oder Schildmütze. Geben Sie ein wenig Honig auf das Schild, und halten Sie Ihrem Pferd die Kappe so hin, dass es das Schild leicht packen kann. Das Schild sollte senkrecht nach oben Richtung Pferdemaul zeigen. Ihr Pferd wird nach ausgiebigem Beäugen und Beschnuppern wohl auch hier dann einen »Versuchsbeißer« machen und die Kappe ins Maul nehmen. Auch jetzt wieder sofort ein Leckerli in den Laden schieben und das Pferd so für das Festhalten der Mütze belohnen.

Ob das Pferd lieber ein Tuch oder eine Mütze ins Maul nimmt, das muss man einfach ausprobieren. Jedenfalls sollte es in der Anfangszeit immer ein- und derselbe Gegenstand sein, damit das Pferd auch wirklich diesen Gegenstand mit der gewünschten Lektion assoziieren kann. Und erwarten Sie bitte nicht, dass, wenn Ihr Pferd gelernt hat, ein Geschirrtuch festzuhalten, es dann auch automatisch eine Mütze festhält. Im Gegenteil: Jeder Gegenstand, der apportiert werden soll, muss neu erarbeitet werden, da das Pferd ja auch jeden anders packen muss.

Beine kreuzen

Kommando:
Pose oder Zack (oder Rüber und Nüber, wenn Sie es in beide Richtungen machen wollen!)
Ausrüstung:
Halfter, Strick 3-4 m, Gerte, Leckerli
Kombinationsmöglichkeiten:
Das ist eine herrliche Pose für ein Foto-Shooting.

Step by Step

Bei dieser Lektion besteht eine gewisse Verletzungsgefahr. Nämlich dann, wenn das Pferd das überkreuzte Bein nach hinten wegziehen will. Dann kann es passieren, dass es sich mit der Hufkante oder mit dem Eisen den anderen Fuß aufschrammt.
Das kann man aber vermeiden, wenn man mit der nötigen Ruhe an die Sache herangeht. Stellen Sie sich in Schulterhöhe neben Ihr Pferd. Es ist jetzt sehr wichtig, dass Ihr Pferd gelernt hat, frei stehen zu bleiben. Dann können Sie den Strick dem Pferd entweder über den Hals legen oder vor es auf den Boden (Ground Tying).
Beugen Sie sich etwas hinunter und heben Sie den Vorderhuf auf Ihrer Seite ein wenig hoch und schieben Sie ihn vorsichtig schräg vor den anderen. Ich habe anfangs Shadow dabei nicht gleich losgelassen, sondern habe das Bein einige Male nur in der Luft hin- und herbewegt. So kann man auch sicherlich vermeiden, dass sich das Pferd eine Zerrung holt oder erschrickt, wenn es sozusagen plötzlich einen »Knoten« in den Beinen hat. Setzen Sie den Fuß dann nach einigen »Hin- und Herschauklern«, wenn das Pferd sich nicht gegen die Bewegung wehrt, etwas schräg vor den anderen, so dass die Beine schon leicht über Kreuz stehen, während Sie das gewählte Kommando geben. Dabei ist darauf zu achten, dass die Hufe sich auf keinen Fall berühren oder gar ein Huf auf dem anderen steht. Dann könnte das Pferd sich nämlich wirklich weh tun. Lassen Sie Ihre Hand am Vorderfußwurzelgelenk des Pferdes liegen und ermutigen Sie es mit »Bleib«, diese Position kurz zu halten. Dann nehmen Sie wieder das überkreuzte Bein, stellen es zurück an seinen Platz und loben das Pferd ausgiebig.
Diese Lektion ist ein reines Geduldsspiel, da viele Pferde dann und wann dazu neigen, die Beine selbstständig wieder »aufzuknoten«. Aber jetzt nicht die Ruhe verlieren, einfach wieder die Beine kreuzen, erneut zwei bis drei Sekunden verharren und dann wieder »entwirren«. Lassen Sie

Ihr Pferd anfangs nicht selbst versuchen, die Beine zu »entknoten«, denn wenn es sich dabei einmal weh tut, kann es gut sein, dass es die Lektion nicht mehr ausführen will. Was ja durchaus verständlich wäre.
Wenn Ihr Pferd gelernt hat, sich willig die Beine kreuzen zu lassen, gehen Sie dazu über, das Bein nicht mit der Hand, sondern mit Ihrem Fuß sanft in die gewünschte Position zu schieben. Hierbei legen Sie dem Pferd Ihre ihm nächste Hand auf den Widerrist und drücken es ein klein wenig von sich weg. Durch das Drücken kommt es beim Pferd zu einer Gewichtsverlagerung. Es entlastet das Bein auf Ihrer Seite. Geben Sie das Kommando und schieben Sie ihm gleichzeitig dieses Bein über das andere. Wenn Sie diesen Punkt des Trainings erreicht haben, können Sie Ihrem Pferd auch beibringen, die Beine wieder selbstständig zu »entknoten«, indem Sie, wenn Sie die Lektion beenden wollen, anstatt am Widerrist zu drücken, am Widerrist »ziehen« (also auf der anderen Seite mit den Fingern Druck ausüben).
Wenn Sie die Lektion in beide Richtungen, also von rechts und links machen wollen, ist es auch nicht schlecht, für jede Seite ein anderes Kommando zu entwickeln. Rüber rechts und Nüber links – oder auch Backbord und Steuerbord.

Caven und Karen zeigen wie es geht. Man setzt dem Pferd einfach ein Vorderbein schräg vor das andere und bringt ihm bei, in dieser Position zu verharren.

Caven nach vier Versuchen: Selbstsicher bleibt er mit gekreuzten Beinen stehen, bis ich das Foto gemacht habe und ihn wieder bitte, sich normal hinzustellen.
Fotos: Karin Tillisch

Das Beinekreuzen ist ein recht einfach einzustudierender Trick, der jedoch, richtig präsentiert, in einer Show garantiert das Publikum zum Lachen bringt.
Foto: Edwin Tillisch

Mütze klauen

Kommando:
Mütze oder Hols
Ausrüstung:
Halfter, Strick 3-4 m, Leckerlis, Baseballkappe
Aufbaumöglichkeiten:
Man kann aus dieser Übung ein »Mütze-Klau-Spiel« entwickeln.

Step by Step

Wenn Ihr Pferd das Apportieren flüssig beherrscht und mittlerweile seine »Apportiermütze« auch ganz klasse findet, können Sie dazu übergehen, daraus ein richtiges Spiel zu machen. Aber Achtung! Es kann passieren, dass Ihr Pferd Sie versehentlich ins Gesicht schnappt!
Setzen Sie sich die Baseballkappe locker auf. Gehen Sie vor Ihrem Pferd in die Hocke, und legen Sie den Kopf so weit wie möglich nach hinten, so dass das Schild wieder wie beim Apportieren relativ senkrecht nach oben zeigt. Geben Sie dann dem Pferd das Kommando. Es ist hilfreich, wenn Sie einfach mit der Hand einige Male auf das Schild tippen und Ihr Pferd ein wenig heranlocken, indem Sie an seinem Halfter zupfen. Ihr Pferd wird nun mehr oder weniger geschickt nach der Mütze schnappen. Sobald es das Schild zu fassen bekommt, beugen Sie sich schnell nach vorne, kippen

Die Lektion Mütze klauen lässt sich aus dem Apportieren entwickeln. Ist das Pferd erst einmal auf einen bestimmten Gegenstand fixiert, ist es ein Leichtes, es dazu zu bewegen, diesen Gegenstand aus jeder nur erdenklichen Position zu holen. Shadow nimmt auf das Kommando »Mütze« hin die Mütze ins Maul.
Foto: Edwin Tillisch

Sie den Kopf fast zum Brustbein ab und »tauchen« Sie sozusagen »aus der Mütze heraus«. Shadow ist von diesem Manöver immer so begeistert, dass er dann triumphierend mit der Mütze herumwedelt und sie wirklich nicht mehr hergeben möchte.
Stehen Sie wieder auf und machen Sie sofort den Mütze-gegen-Leckerli-Tausch, ehe Ihr Pferd die Mütze fallen lässt!
Je geübter Ihr Pferd in diesem Manöver wird, je mehr können Sie sich dabei aufrichten. Bis es Ihnen dann eines Tages die Mütze stehend vom Kopf zieht. Allerdings, das leichte Nach-vorne-Tauchen würde ich weiterhin empfehlen, denn viele Pferde ziehen so enthusiastisch an der Mütze, dass Sie selbst dabei im Sand landen oder sich einen Halswirbel ausrenken können.

Das »Mütze-Klau-Spiel«

Dieses Spiel bringt besonderen Spaß bei Geburtstagen oder sonstigen Anlässen. Hierzu braucht man etwa sechs bis zehn freiwillige »Mützenträger« samt Baseballkappen oder sonstigen Hüten. Eine Person bekommt die Augen verbunden und wird einige Male im Kreis gedreht. Das Pferd beginnt an einem Ende der »Hutreihe«, die Person mit den verbundenen Augen am anderen, den Kappenträgern ihre Hüte vom Kopf zu ziehen. Wer am Schluss die meisten Hüte ergattert hat, hat gewonnen.

Dann tauche ich ein wenig nach unten ab und Shadow zieht die Mütze an sich. Shadow begnügt sich allerdings nicht mehr nur mit »seiner« Mütze, sondern zieht auf den Westernturnieren ahnungslosen Zuschauern auch schon mal einen Original Stetson vom Kopf.
Foto: Edwin Tillisch

Fußball spielen

Smoke lernt unseren Pferdefußball kennen. Neugierig beäugt er das unbekannte Objekt aus allen Winkeln.
Foto: Karin Tillisch

Kick den Ball

Das Fußballspielen hilft wieder gerade den besonders scheuen Pferden, mehr Selbstvertrauen zu gewinnen. Auch alte Pferde, die sich vielleicht ein wenig überflüssig vorkommen, kann dieses Spiel wieder zu neuer Lebensfreude verhelfen.
Pferde haben keinerlei Raubtierreflex, sie sehen im Fußballspielen etwas ganz anderes als wir Menschen – doch sie haben nicht minder Spaß daran. Die meisten Pferde finden es einfach faszinierend, dass sie es sind, die dieses riesige »Ding« bewegen. Und da Pferde in der Regel chronisch neugierig und verspielt sind, werden sie beginnen, den Ball immer und immer wieder anzustupsen – und natürlich wird er immer und immer wieder wegrollen. Viele Pferde steigern sich in einen regelrechten »Fußballrausch« hinein und galoppieren am Ende dem Ball sogar ohne Zutun des Menschen hinterher und dreschen fröhlich darauf herum.
Wenn Sie später auch vom Pferderücken aus Fußball spielen wollen, werden Sie sehr schnell feststellen, dass Sie, ohne es zu merken, mit Ihrem Pferd zu einer Einheit verschmelzen.

Kommando:
Kick oder Ball

Ausrüstung:
Halfter, Strick 3-4 m, Leckerlis, ein handelsüblicher Gymnastikball mit Mindestdurchmesser 90 cm

Aufbaumöglichkeiten:
Diese Lektion kann man später natürlich auch vom Sattel aus machen und richtige Fußballspiele veranstalten – mit Stürmer, Verteidiger, Tor-Pferd usw.

Step by Step

Die meisten Pferde begegnen dem großen Ball anfangs mit gehörigem Respekt. Manche Hengste versuchen das runde Ding gleich zu bespringen, während Stuten auch gerne mal ausprobieren, ob man es wohl zerfetzen kann. Deshalb lassen sie Ihr Pferd bitte nie mit dem Ball allein!

Dann ermutigt Sita ihn, nähere Bekanntschaft mit dem Ball zu machen.

Den Ball stets zwischen Smoke und sich haltend, bittet sie ihn, wie in der Polka, ihr zu folgen, während sie rückwärts vor ihm hergeht. Wenn Smoke ihr folgen will, muss er nun den Ball wegkicken – was er auch mit größtem Elan versucht.

Nach einigen Versuchen hat Smoke den Dreh heraus und ist mit großer Begeisterung bei der Sache.

Fotos: Karin Tillisch

Legen Sie den Ball mitten in die Reitbahn. Führen Sie Ihr Pferd – wie beim Zeigen des Podestes – erst einige Male in immer engeren Bögen um ihn herum. Das Pferd soll ausreichend Zeit dazu haben, sich den Ball aus jeder Perspektive anzusehen. Dann gehen Sie mit dem Tier direkt an den Ball ran und lassen es daran schnuppern. Besonders forsche Pferde versuchen nun, den Ball mit dem Fuß anzustoßen. Wenn das der Fall sein sollte, dann loben Sie Ihr Pferd. Zupfen Sie sanft am Strick und ermutigen Sie es zum nächsten Schritt. Bei ca. 75 % aller Pferde sieht es eher so aus, dass sie erst einmal vor dem Ball stehen, vielleicht daran schnuppern und dann herzlich wenig Interesse daran zeigen.
Stellen Sie sich nun so hin, dass der Ball zwischen Ihnen und Ihrem Pferd liegt. Der Ball sollte die Vorderbeine nicht berühren. Es muss noch so viel Platz sein, dass das Pferd noch einen kleinen Schritt auf ihn zumachen kann. Locken Sie Ihr Pferd nun mit einem langen Leckerli (Knusperstange oder Karotte) zu sich her, während Sie das Kommando Kick geben. Etwas zag-

Die Fußballnummer am Halsring vom Sattel gefiel den 5000 Zuschauern bei einer Show in Frankreich. Auch Shadow und ich hatten großen Spaß dabei.
Foto: Katja Schäfer

hafte Naturen brauchen vielleicht noch etwas Unterstützung durch ein vorsichtiges Zupfen am Führstrick. Wenn Ihr Pferd nun versucht, um den Ball »herumzutanzen«, dann drehen Sie sich einfach mit, so dass der Ball immer zwischen Ihnen und Ihrem Pferd liegt. Machen Sie Ihrem Pferd mit einem bestimmten »Nein« klar, dass Sie das nicht wollen. Es gibt Pferde, die erst einmal in beide Richtungen um den Ball »herumtanzen«. Lassen Sie das Pferd ruhig einige Schritte machen – es weiß ja nicht, dass dieses Monstrum da vor ihm bei der kleinsten Berührung wegrollt. Irgendwann wird Ihr Pferd – vielleicht sogar nur aus Versehen – den Ball mit einem Bein antippen, sodass er ein Stückchen wegrollt. Loben Sie Ihr Pferd umgehend und bieten Sie ihm ein Leckerli an. Dann ermutigen Sie es erneut, einen Schritt zu wagen. Ruhig noch einmal mit einem langen Leckerli. So arbeiten Sie sich Schritt für Schritt einige Meter über den Platz, wobei Sie das Pferd immer wieder ausgiebig loben und mit Leckerlis motivieren. Bald schon wird es die Verbindung »wenn das Ding sich bewegt, ist es gut, dann wird es angenehm« im Kopf haben.

Die meisten Pferde sind schlichtweg von der Tatsache, dass sie dieses »Ding« bewegt haben, so hin und weg, dass es manchmal gar keiner weiteren Aufforderung mehr bedarf. Sie machen schon bei einem kurzen Zupfen am Strick und dem Kommando den nächsten Schritt.

Halten Sie den Ball beim Üben zwischen sich und dem Pferd. So lange, bis Ihr Pferd dem Ball willig folgt und begeistert vor sich herschiebt. Dann können Sie dazu übergehen, die normale Führposition an der Seite des Pferdes wieder einzunehmen. Führen Sie das Pferd ganz normal auf den Ball zu, und geben Sie dann einen Schritt vor dem Ball das gewählte Kommando.

Manchen Pferden geht es bald nicht mehr schnell genug und einige werden anfangen, den Ball auch mit dem Kopf anzuschubsen. Wenn Sie jetzt wollen, können Sie daraus ebenfalls ein Kommando machen und Ihrem Pferd gezielt das »Kopfballspielen« beibringen.

Hat Ihr Pferd diese Lektion erst einmal am Boden verstanden, ist es meist auch kein größeres Problem, sie vom Sattel aus zu üben.

Auf eines muss man sehr achten: Der Ball darf nicht unter das Pferd rollen, denn sonst stolpert es darüber und verletzt sich unter Umständen. Achten Sie darauf, dass sich das Pferd immer im richtigen Winkel, also direkt von vorne auf den Ball zubewegt. Das seitliche Kicken oder Durchtauchen unter dem Bauch, ist nur etwas für Fortgeschrittene.

Aus der Flasche nuckeln

Kommando:
Flasche oder Schoppe (badisch für Fläschchen)
Ausrüstung:
Halfter, Strick 3-4 m, Leckerlis, eine selbst gebastelte Nuckelflasche mit leckerem Inhalt
Kombinationsmöglichkeiten:
Besonders klasse sieht natürlich das Nuckeln im flachen Liegen aus. Hierzu legt man sich den Pferdekopf in den Schoß und gibt dem Tier dann die Flasche. Manchen Pferden bereitet es Probleme, im flachen Liegen zu saufen. Sie müssen das einfach ausprobieren. Diese Lektion kommt sehr gut an, wenn das Pferd sitzt und ein entsprechendes Kostüm trägt.

Step by Step

Bevor Sie mit dem Üben dieser Lektion beginnen, müssen Sie herausfinden, was Ihr Pferd wirklich gerne trinkt. Bei Shadow ist es Malzbier, bei Kiera ist es Apfelsaft mit Wasser und Apollo liebt kalten Pfefferminztee mit Honig. Natürlich dürfen Sie hier nicht wild experimentieren, sondern müssen die Gesundheit Ihres Pferdes im Auge behalten. Wenn Sie etwas gefunden haben, was es gerne hinunterschlabbert, dann ist dies genau der richtige Inhalt für das Fläschchen.

Füllen Sie das Fläschchen möglichst randvoll und ziehen Sie dann den Schnuller drüber. Dabei ist darauf zu achten, dass sich der Schnuller auf keinen Fall selbstständig macht, sonst könnte er im dümmsten Fall im Magen Ihres Pferdes verschwinden.

Stellen Sie sich samt Nuckelflasche neben Ihr Pferd und legen Sie Ihre freie Hand über seine Nase. Schieben Sie ihm vorsichtig den Sauger ins Maul. Das Pferd wird nun heftig anfangen zu knatschen und sicher versuchen, das unliebsame Ding wieder loszuwerden. Durch diese Bewegung wird ihm automatisch etwas vom leckeren Flascheninhalt ins Maul geraten. Nun kann es leicht passieren, dass das Pferd den Kopf zur Seite dreht und erst einmal erstaunt schlabbert. Lassen Sie es ruhig, nehmen Sie dann wieder sanft seinen Kopf, geben Sie das Kommando Flasche und schieben Sie ihm den Sauger seitlich in das Maul. Dieses Mal aber etwas von schräg vorne, so dass es jetzt, wenn es anfängt zu knatschen, wirklich eine größere Menge des Flascheninhaltes abbekommt. Die meisten Pferde verstehen sehr schnell, dass je mehr sie knatschen, immer mehr von der feinen Flüssigkeit in ihr Maul kommt.

Sie müssen immer darauf achten, dass die Flasche höher ist als der Sauger, sonst funktioniert das Ganze nicht. Wer vielleicht einmal selbst Kälbchen, Lämmer oder Ziegen großgezogen hat, der weiß sicher noch, wie das geht. Wenn es gar nicht funktionieren will, können Sie vielleicht auch den Landwirt um die Ecke fragen, er wird zwar sicher ein erstauntes Gesicht machen, aber er kann Ihnen auf jeden Fall zeigen, wie man so eine Flasche hält oder sich notfalls auch selbst eine bastelt.

Dem Pferd das Aus-der-Flasche-Nuckeln beizubringen ist recht leicht. Man muss nur ein wenig kreativ beim Finden der richtigen Nuckelflasche und des richtigen Inhalts sein. Ich habe mir eine Hasenwasserflasche aus Plastik, einen Kälbchensauger und eine Dose Malzbier besorgt – und Shadow war begeistert.
Foto: Katja Schäfer

Jacke ausziehen

Kommando:
wie beim Apportieren
Ausrüstung:
Halfter, Strick 3-4 m, Leckerlis, eine ältere Jeans- oder Wachsjacke
Aufbaumöglichkeiten:
Wenn die Lektion gut sitzt, kann man dem Pferd auch beibringen, mit der Jacke zu winken.

Step by Step

Bei dieser Lektion verfährt man wieder ganz ähnlich, wie beim Apportieren und Mütze klauen. Zunächst bringen Sie Ihrem Pferd bei, Ihnen die Jacke aus der Hand zu nehmen und festzuhalten. Das Pferd kann die Jacke sehr gut am hochgeklappten Kragen halten. Üben Sie also zunächst wie in gewohnter Weise (Honig, Leckerli für das Festhalten), bis Ihr Pferd die Jacke willig im Maul behält.

Anfangs ziehen Sie die Jacke nur halb an, dabei schlüpfen Sie einfach in einen Ärmel und ziehen sich die Jacke etwas über die Schulter. Halten Sie Ihrem Pferd den Kragen in angenehmer Höhe hin und geben Sie das gewählte Kommando. Wenn Ihr Pferd den Kragen packt und festhält, gleiten Sie in einer fließenden Bewegung aus der Jacke, drehen

Das Jacke ausziehen ist wieder eine Folgeübung, die aus dem Apportieren entsteht. Ich bitte Shadow, an einer bestimmten Stelle in die Jacke zu beißen und festzuhalten. Dann ziehe ich die Jacke aus.

Shadow spielt dabei Garderobenständer!
Fotos: Marianne Tillisch

sich zu Ihrem Pferd und tauschen die Jacke gegen ein Leckerli aus.
Wenn das nach einigem Üben funktioniert, ziehen Sie die Jacke komplett an, lassen sie aber etwas zurückrutschen, so dass hinten zwischen Kragen und Hals ein bisschen Luft bleibt. Die meisten Jacken werfen hier dann eine Falte und es fällt dem Pferd viel leichter, danach zu greifen.
Stellen Sie sich nun mit dem Rücken zu Ihrem Pferd. Klappen Sie den Kragen hoch, und geben Sie das Kommando. Wenn das Pferd einen Moment lang an Ihrem Genick herumknabbert, lassen Sie es erst einmal, es muss die Jacke ja auch zu fassen bekommen. Sobald Sie merken, dass das Pferd die Jacke gegriffen hat, gehen Sie ein wenig in die Knie und drehen sich nach vorne weg aus der Jacke heraus. Es darf dabei kein Zug auf die Jacke und damit auf das Pferdemaul entstehen, sonst könnte Ihr Pferd der Ansicht sein, dass es loslassen soll. Drehen Sie sich wieder zu Ihrem Pferd hin und tauschen Sie die Jacke gegen ein Leckerli. Mit zunehmender Sicherheit dieser Übung können Sie dann auch das Nach-unten-Absinken und Wegdrehen reduzieren, bis es irgendwann wirklich so aussieht, als würde Ihnen Ihr Pferd ganz »gentlemanlike« aus der Jacke helfen.

Lach mal!

Kommando:
Smile oder Lach mal!
Ausrüstung:
Halfter, Strick 3-4 m, Leckerlis, ein Labello mit Aroma oder ein bisschen Honig
Aufbaumöglichkeiten:
Diese Lektion kann man hervorragend in jede Clown-Nummer einbinden. Beispielweise setzt man das Pferd hin und versucht es von hinten »hochzuschieben«, während das Pferd dann vorne »lacht«. Damit hat man dann auf jeden Fall das Publikum auf seiner Seite.

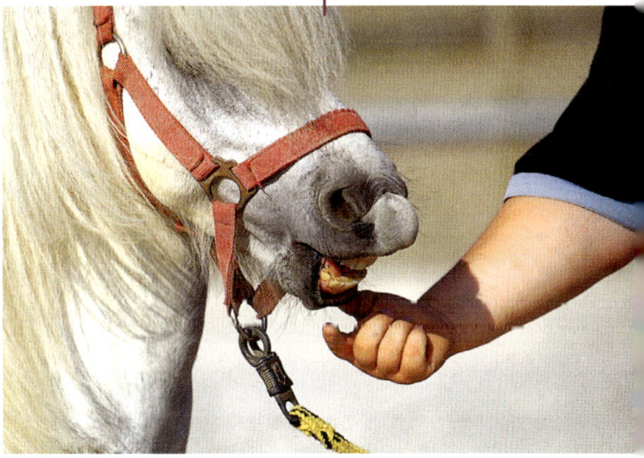

»Sag mal was!« Durch spielen an der Unterlippe hat Silke ihrem Pony Max das »Reden« beigebracht.
Foto: Karin Tillisch

Ich finde es sehr schön, wenn man immer neue Dinge dazulernt. Diese »Lachnummer« ist eine Idee von Silke Teuber, die mit ihren Shetlandponys viel ausprobiert.
Shetlandpony Max lernte das Lachen, indem

seine Besitzerin ihn wie auf den Bildern gezeigt, einfach an der Nase kitzelte. Die meisten Pferde bewegen die Oberlippe, wenn man sie kitzelt. Man stimuliert dabei wohl die entsprechenden Nervenenden und es kommt dazu, dass die Pferde die Oberlippe ein wenig hochklappen. Jetzt muss das Pferd natürlich sofort gelobt werden. Das Hochklappen der Oberlippe wird bei manchen Pferden zu einem richtigen Flehmen – hierbei spielt es seltsamerweise kaum eine Rolle, ob Stute, Wallach oder Hengst. Wer nun will, kann dasselbe Spiel mit der Unterlippe des Pferdes wiederholen und es dazu animieren, auch diese auf Kommando (kitzeln) zu bewegen. Auch so entsteht ein »Lachen« oder auch ein »Sprechen«. Man kann bei dieser »Lachnummer« auch etwas nachhelfen. Was bei den meisten Pferden – neben der »Kitzelmethode« – funktioniert, ist Honig. Nehmen Sie ein wenig Honig und streichen Sie ihn dem Pferd auf Ober- oder Unterlippe. Auf der Oberlippe kann dies ein Flehmen, also »Lachen« hervorrufen, auf der Unterlippe kann es zu heftigem »Gequatsche« führen, weil das Pferd versucht, durch schnelle Bewegungen der Lippen, den Honig irgendwie ins Maul zu bekommen.

Das Lachen entwickelte sich aus spielen an der Oberlippe, bis Max zu flehmen anfing – mittlerweile genügt ein Fingerzeig und Max flehmt voller Begeisterung.

In Kombination mit dem Podest ist das natürlich der absolute Renner bei einer Show.
Fotos: Karin Tillisch

Seil hüpfen

Kommando:
bei dieser Übung ist kein Stimmkommando erforderlich

Ausrüstung:
Sattel, Zaumzeug, Schwingseil (Bauanleitung im Anhang), Leckerlis

Aufbaumöglichkeiten:
Besonders wagemutige und talentierte Reiter verwenden das Seilspringen auch beim Springen über Hindernisse. Hierfür muss man aber nicht nur ein unglaubliches akrobatisches Geschick haben, sondern auch ein routinierter Springreiter sein.

Step by Step

Dies ist die einzige Lektion, die wir nur vom Sattel aus machen. Voraussetzung für diese Lektion ist, dass Sie problemlos freihändig galoppieren können, ihr Pferd sich ausschließlich mit Stimm- und Gewichtshilfen steuern lässt und Tempovariationen innerhalb der einzelnen Gangarten möglich sind. Ist dies nicht der Fall, kann diese Lektion gefährlich sein.

Zunächst einmal machen Sie Ihr Pferd in aller Ruhe mit dem etwas sperrigen Schwinggerät vertraut. Streichen Sie es mit dem Schwingseil und den Stäben ab, damit es später nicht in Panik gerät, wenn während der Übung mal versehentlich Seil oder Stock auf seiner Hinterhand oder sonst wo landen.

Dann beginnen Sie langsam, das Seil nach vorne über den Pferdehals zu bewegen. Lassen Sie es dem Pferd bis vor die Hufe sinken, verharren Sie dort ein

Smoke wird mit dem »Seilspringstock« vertraut gemacht. Wie immer ist auch hier das oberste Gebot: »immer schön langsam!«

Sita berührt Smoke überall, wo ihn das Seil oder die Stöcke später einmal treffen könnten. Da Smoke Sita restlos vertraut, lässt er das Ganze aufmerksam und zugleich gelassen über sich ergehen.

Sita hat die Zügel am Horn befestigt und senkt das Seil vor Smokes Füße. Diese Bewegung wiederholt sie einige Male, in immer schnelleren Intervallen, um ihn daran zu gewöhnen.

Dann gibt Sita das Signal zum Vorwärtsgehen und Smoke schreitet ruhig und aufmerksam über das Seil.

Smoke hat das Seil überquert und Sita zieht es hinten wieder nach oben, um es für den nächsten Schritt erneut vor Smoke absinken zu lassen.

Was im Schritt und Trab funktioniert hat, wird nun im Galopp trainiert. Natürlich braucht man für diese Lektion ein perfekt gerittenes Pferd, das auf die leisesten Schenkelhilfen reagiert und eine sehr gleichmäßige Galoppade hat.

Das schwierigste im Galopp ist, das Seil wieder rechtzeitig hochzuziehen und den nächsten Sprung zu erwischen, um es wieder abzusenken. Als Sita diese Lektion zu üben begann, stand ich meistens in der Mitte der Bahn und zählte laut für sie mit, damit sie das richtige Timing finden konnte.
Fotos: Karin Tillisch

wenig und bewegen Sie es dann wieder nach oben. Wiederholen Sie dieselbe Bewegung nach hinten, bis zu den Hinterbeinen des Pferdes und wieder nach oben. Ihr Pferd sollte ruhig und entspannt stehen bleiben, ehe Sie zum nächsten Schritt übergehen.
Dann bringen Sie das Schwingseil in die Ausgangsposition: Seil nach oben, beide Stöcke gegen die Schultern gelehnt. So reiten Sie erst einmal einige Runden freihändig, damit sowohl Sie sich als auch Ihr Pferd an das Gerät und das neue Reitgefühl gewöhnen können.
Die Zügel des Pferdes sollten nicht lose über dem Hals hängen, sondern so am Sattel befestigt werden, dass sie weder zu lang noch zu kurz sind und das Pferd sich auf keinen Fall verletzen kann. Hilfszügel jeglicher Art sind bei dieser Lektion absolut tabu.
Gewöhnen Sie sich schon jetzt an, auf dem zweiten oder noch besser dritten Hufschlag zu reiten, denn es ist immens gefährlich, wenn sich das Seil beim Schwingen am Zaun verfängt oder die Stöcke mit der Bande kollidieren und gar brechen.
Wenn Ihr Pferd auch diese neue Situation gelassen hinnimmt, schwingen Sie das Seil das erste Mal über seinen Kopf und vor seine Beine. Das Seil sollte nun flach und gerade am Boden liegen, so dass Ihr Pferd problemlos darüber schreiten kann. Bewegen Sie einfach locker die Handgelenke mit, während sich die Stöcke fast automatisch nach hinten bewegen, und das Pferd dabei locker wei-

terschreitet. Sobald das Pferd auch mit den Hinterbeinen komplett über das Seil getreten ist, ziehen Sie es langsam hinten wieder hoch, über Ihren Kopf und vorne wieder runter – und das Spiel beginnt von neuem. Am Anfang ist es sehr nützlich, einen Helfer zu haben, der einem sagt, wann das Pferd mit allen vier Beinen über das Seil hinweg und auch der Schweif nicht mehr im Weg ist. Es kann nämlich leicht passieren, dass, wenn man das Seil zu früh anhebt, dieses unter der Schweifrübe des Pferdes hängen bleibt. Das kann natürlich heftige Reaktionen hervorrufen.

Und so sieht die fertige Lektion dann bei einem Auftritt aus ...

Üben Sie diese Lektion zunächst im Schritt, bis sie flüssig klappt und Sie ein Gefühl für den Rhythmus bekommen haben. Aber auch so lange, bis Sie Ihr Pferd problemlos lenken und anhalten können, ohne dass Sie das Schwingseil loslassen müssen. Dann üben Sie das Ganze im Jog und erst, wenn auch hier wirklich alles problemlos klappt, können Sie sich an den Galopp wagen. Galoppieren Sie das Pferd zunächst an, und lassen Sie es auf einem großen Zirkel gehen. Hierzu muss Ihr Pferd natürlich gelernt haben, im gemäßigten Tempo zu galoppieren und sich auch ohne Zügelkontakt zu tragen. Dann beginnen Sie das Seil zu schwingen, während Ihr Helfer von unten mitzählt: »eins, zwei, hoch – eins, zwei, runter – eins zwei, hoch ...«

Seilspringen sieht so einfach aus, wenn es perfekt funktioniert, aber es ist eine sehr schwierige Lektion für Pferd und Mensch, die wirklich nur dann funktionieren kann, wenn beide perfekt harmonieren. Aber dann ist es aus meiner Sicht eine der schönsten und applausträchtigsten Show-Nummern, die es gibt.

Von hinten sieht man erst, wie anstrengend das Schwingen des Seils auch für den Reiter ist – es geht immens auf die Handgelenke. Deshalb lieber nur eine Runde in jede Richtung und diese schön, als später die Blamage, das Seil in der zweiten oder dritten Runde zu verlieren.
Fotos: Karin Tillisch

Tricks mit dem Hund

Von der Idee zum Training

Vor einigen Jahren brachte ich dem Pferd »Apollo 11«, dem Vollblüter von Eva Baumann, einige Zirkuslektionen bei. Sie verkaufte das Pferd und arbeitete aus purem Spaß an der Freude nun mit ihrer Schäferhund-Husky-Dame Cindy an einigen Lektionen und Tricks. Der Hund war mit Feuereifer bei der Sache. Wir planten dann für einen größeren Auftritt ein Pas des deux mit Pferd und Hund. Die Nummer wurde zu einem riesen Erfolg. Ich habe mittlerweile festgestellt, dass Cindy kein »Einzelfall« ist. Das Training scheint auch bei anderen Hunden und selbst bei meinem Kater Luke zu funktionieren. Zirkusarbeit macht den Hunden großen Spaß und ist ein schöner Ausgleich für sie. Herzlichen Dank an Eva Baumann, die dieses Kapitel »gestiftet« hat.

Was muss man beachten?

Gehen Sie vor dem Training mit dem Hund spazieren. Er muss sich etwas ausgetobt und vor allem gelöst haben. Ihr Hund sollte auf jeden Fall gut erzogen sein und Übungen, wie Sitz, Platz und Fuß bereits beherrschen. Ich gebe hier keine Anleitung zur Hundeerziehung. Für die Arbeit mit Hund und Pferd müssen sich die Tiere kennen lernen und langsam aneinander gewöhnt werden.

Die Lektionen müssen dem Hund mit viel Geduld und Einfühlungsvermögen beigebracht werden. Sie dürfen das Tier auf keinen Fall überfordern und nicht zu große Anforderungen stellen, schließlich soll auch er Spaß an der Sache haben. Bitte beachten Sie, dass einige dieser Übungen auch für Sie gefährlich sein können. Sie arbeiten mit Tieren, die durch-

Zirkustricks mit Pferd und Hund – Shadow und Cindy waren Publikumslieblinge bei jeder Veranstaltung.
Fotos: Karen Weber

aus einmal unerwartet reagieren können. Das dürfen Sie nicht vergessen.
Ganz wichtig ist es, den Hund zu loben und zu motivieren. Er muss verstehen, dass er seine Sache gut gemacht hat.
Sie sollten, wenn Sie mit beiden Tieren zusammen arbeiten, einen fachkundigen Helfer dabei haben, der Ihnen beim Üben entweder das Pferd oder den Hund führt, denn beides gleichzeitig zu machen, ist beinah unmöglich.
Bei Nummern, in denen sich Pferd und Hund sehr nahe kommen, ist immer Vorsicht geboten, damit es zu keinen Verletzungen kommt. Gerade die Lektion, bei der der Hund unter dem Bauch des Pferdes hindurchgeht oder auf ihm drauf-liegt, erfordert ein immenses Vertrauen. Vertrauen zu Ihnen, als ihrem Ausbilder, aber auch Vertrauen zwischen Pferd und Hund. Lektionen können und dürfen nicht erzwungen werden. Geben Sie Ihren beiden Tieren hierfür alle Zeit der Welt.

Eine gute Show ist nicht nur das Aneinanderreihen spektakulärer Effekte – bei Fachpublikum sind es eher die leisen Töne, die gut ankommen.
Foto: Karen Weber

Pfötchen geben

Kommando:
Pfötchen
Ausrüstung:
Halsband, Leine, Leckerlis
Aufbaumöglichkeiten:
Spanischer Schritt
Kombinationsmöglichkeiten:
Männchen und dabei Pfötchen geben

Step by Step

Lassen Sie den angeleinten Hund vor sich sitzen. Zeigen Sie auf ein Vorderbein und sagen Sie Pfötchen. Achten Sie darauf, dass Sie ihm immer denselben Befehl geben. Tippen Sie das Bein an, wenn der Hund nicht reagiert und sagen Sie wieder Pfötchen. Wenn der Hund gar nicht reagiert, nehmen Sie das Bein hoch und loben ihn. Diese Lektion wiederholen Sie so lange, bis der Hund seine Pfote auf Kommando selbstständig gibt. Loben Sie ihn dafür ausgiebig. Ihr Hund sollte das Pfötchengeben auf beiden Seiten beherrschen. Wählen Sie für das andere Bein ein neues Kommando z.B. Anderes. Zeigen Sie zuerst auf das eine Bein und verlangen Sie die Ausführung der Lektion. Das Gleiche wiederholen Sie bei dem anderen Bein.

Spanischer Schritt

Kommando:
Pfötchen und Anderes
Ausrüstung:
Halsband, Leine, Leckerlis

Step by Step

Sobald Ihr Hund das Pfötchengeben zuverlässig beherrscht, können Sie mit dem Spanischen Schritt beginnen. Stellen Sie den Hund gerade vor oder neben sich hin. Lassen Sie ihn einige Sekunden in dieser Position ruhig stehen. Geben Sie das Kommando »Pfötchen«. Wiederholen Sie diesen Vorgang mit dem anderen Bein. Machen Sie diese Übung so lange, bis der Hund die Pfoten in regelmäßigem Takt hebt. Lassen Sie ihm dabei ausreichend Zeit. Wenn Ihr Hund sich nicht mehr konzentrieren kann, beenden Sie die Übung.
Im nächsten Schritt lassen Sie den Hund im Gehen seine Pfötchen heben. Sie gehen dabei rückwärts vor dem Hund. Weisen Sie ihn an, beim Gehen abwechselnd seine Pfötchen zu geben. Achten Sie darauf, dass er dabei nicht zu schnell auf Sie zuläuft oder Sie gar einholt. Üben Sie diese Lektion so lange, bis der Hund sie ruhig und im Takt ausführt. Selbstverständlich können Sie den Hund dabei auch neben sich gehen lassen.

Arbeit am Podest

Kommando:
der Übung entsprechend
Ausrüstung:
Halsband, Leine, Leckerlis, Podest

Step by Step

Wählen Sie einen Gegenstand, auf den Sie Ihren Hund stellen können. Nehmen Sie dazu am Besten eine große Wanne oder einen überdimensional großen Eimer. Ihr Hund sollte auf jeden Fall ausreichend Platz darauf haben. Das Podest muss sicher stehen. Zeigen Sie dem Tier das Podest. Ermuntern Sie es dazu, darauf zu steigen, indem Sie mit der Hand darauf klopfen. Falls Ihr Hund nicht selbst hinaufsteigt, heben Sie ihn vorsichtig mit den Vorderpfoten auf das Podest. Loben Sie ihn. Wenn Ihr Hund dabei panisch reagieren sollte, dann locken Sie ihn mit einer Belohnung zum Podest. Lassen Sie ihn nah am Podest stehen, damit er sich mit der Situation vertraut machen kann. Im nächsten Schritt soll er nun seine Vorderpfoten auf dem Podest abstellen. Bleibt Ihr Hund ruhig, so können Sie ihn mit den Hinterbeinen »nachkommen« lassen. Falls er die Übung nicht selbst ausübt, heben Sie ihn auf das Podest. Lassen Sie ihn kurz darauf stehen, und loben Sie ihn dann ausgiebig. Später muss Ihr Vierbeiner auf Ihr Kommando hin selbstständig auf das Podest steigen und ruhig darauf stehen bleiben.

Eva Baumann hatte die Idee, mit ihrer Schäferhund-Husky-Hündin Cindy Tricks einzustudieren. Nach nur drei Monaten waren die beiden so weit, um Shadow und mich auf unseren Shows zu begleiten. Wobei Cindy Shadow mehrfach den Applaus streitig machte ...
Foto: Karen Weber

Liegen

Kommando:
Down
Ausrüstung:
Halsband, Leine, Leckerlis
Aufbaumöglichkeiten:
tot umfallen, tot liegen

Step by Step

Für diese Lektion lassen Sie den Hund mit dem Kommando Platz ablegen. Danach drücken Sie seinen Kopf sanft nach unten, so dass er ganz flach liegt und geben das Kommando Down. Der Kopf liegt dabei zwischen seinen Vorderpfoten. Ihr Hund sollte ruhig liegen bleiben. Geben Sie ein Kommando zum Aufstehen und loben Sie ihn ausgiebig. Down kann sehr gut auch mit einem Handzeichen geübt werden. Der nach oben gestreckte Arm soll dabei dem Hund Down signalisieren. Anfangs muss das Kommando zusammen mit dem Handzeichen gegeben werden. Später realisiert der Hund, dass der gestreckte Arm für ihn Down bedeutet. So etwas lässt sich sehr gut auch beim Spazierengehen üben, damit es dem Tier in Fleisch und Blut übergeht.

Cindy lernte das Totliegen über das normale Kommando zum Liegen.
Foto: Georg Baumann

Männchen/Pesade

Kommando:
Auf
Ausrüstung:
Halsband, Leine, Leckerlis
Kombinationsmöglichkeiten:
Männchen mit Pfötchen

Step by Step

Lassen Sie den Hund vor sich absitzen. Sie benötigen für diese Übung ein Spielzeug, etwas, mit dem Sie den Hund neugierig machen können. Halten Sie dem Hund das Spielzeug in etwas erhöhter Position hin. Geben

Sie das Kommando »Auf«. Versucht der Hund, das Objekt zu erreichen, geben Sie es ihm nicht, sondern loben Sie ihn. Hunde kann man natürlich auch über Belohnungen motivieren. Dulden Sie auf keinen Fall, dass der Hund nach Ihren Fingern schnappt. Wiederholen Sie diese Übung so lange, bis der Hund diese Lektion ohne zusätzlichen Anreiz ausführt. Wenn Ihr Hund das Kommando befolgt, lassen Sie ihn einige Sekunden in dieser Position. Legen Sie ein Kommando fest, mit dem er wieder in die Ausgangsposition zurück darf. Ich verwende das Kommando »Ab«. Diese Lektion kann der Hund auch aus dem Stehen lernen.

Die Pesade – wer sagt, dass so etwas nur Pferde können?
Foto: Karen Weber

Salut

Kommando:
Salut
Ausrüstung:
Halsband, Leine, Leckerlis

Step by Step

Wenn Ihr Hund das Männchen-Machen beherrscht, können Sie nun mit der Lektion Salut fortfahren. Setzen oder stellen Sie den Hund vor sich hin und geben Sie ihm das Kommando zum Männchen-Machen. Lassen Sie ihn kurz in dieser Position und geben Sie den Befehl für »Pfötchen«. Ich tippe ihm dabei anfangs mit der Hand an die Pfote und animiere ihn dadurch zusätzlich. Ich mache das so lange, bis er versteht, was er tun soll. Der Hund sollte dann die Pfoten nach oben oder nach vorne strecken. Passen Sie dabei auf, dass Ihr Hund nicht hoch- oder Sie anspringt. Sobald Ihr Hund eine Reaktion zeigt, loben Sie ihn ausgiebig. Üben Sie auf jeden Fall auch Männchen ohne Salut. Es kann sonst passieren, dass er diese Übung automatisch macht.

Courbette

Kommando:
Hopp
Ausrüstung:
Halsband, Leine, Leckerlis
Aufbaumöglichkeiten: mehrere Sprünge nacheinander

Step by Step

Lassen Sie den Gesundheitszustand Ihres Hundes vorab vom Tierarzt überprüfen. Es muss sichergestellt sein, dass Ihr Hund gesunde Hüften hat. Diese Lektion geht auf die Gelenke, also führen Sie sie nicht zu oft aus. Falls Ihr Hund mit Arthrose zu kämpfen hat, lassen Sie sie auf jeden Fall aus. Voraussetzung für diese Übung ist das Männchen-Machen. Nutzen Sie zum Animieren ein Leckerchen oder ein Spielzeug. Geben Sie den Befehl zum Männchen-Machen. Halten Sie Ihrem Hund das Leckerchen oder Spielzeug ein Stück über seinem Kopf hin und fordern Sie ihn auf, danach zu springen. Geben Sie dabei Ihr gewähltes Kommando Hopp. Geben Sie Acht, dass der Hund im Spiel nicht nach Ihrer Hand schnappt. Sobald er den Befehl ausgeführt hat, loben Sie ihn ausgiebig. Üben Sie diesen Teil der Lektion so lange, bis der Hund Ihr Kommando auch ohne zusätzliche Animation ausführt. Stellen Sie sich vor Ihren Hund und lassen Sie ihn aus dem Stehen heraus Männchen-Machen. Geben Sie nun den Befehl Hopp und gehen Sie dabei langsam rückwärts, so dass Ihnen Ihr Hund auf den Hinterbeinen »hinterherspringt«. Er darf Sie dabei auf keinen Fall anspringen. Sollte er übereifrig werden, machen Sie wieder mit dem Männchen-Machen weiter.

Apportieren

Kommando:
Apport
Ausrüstung:
Halsband, Leine, Leckerlis, zu apportierender Gegenstand

Step by Step

Für diese Lektion benötigen Sie einen Gegenstand, den der Hund kennt. Am Besten eignet sich dazu sein Lieblingsspielzeug. Halten Sie ihm den Gegenstand vor sein Maul und geben Sie das Kommando Apport. Auf Ihren Befehl hin soll der Hund das Spielzeug nehmen und ruhig im Maul halten. Erst auf Ihre Anweisung darf er es wieder loslassen. Sobald er diesen Teil der Übung begriffen hat, können Sie fortfahren. Legen Sie den Gegenstand etwas entfernt vor ihn hin und geben Sie das Kommando. Reagiert Ihr Hund nicht, gehen Sie mit ihm hin und animieren ihn, den Gegenstand aufzunehmen. Diese Übung kann mit beliebig vielen Dingen, wie beispielsweise Bällen, Gießkannen oder Plüschtieren durchgeführt werden. Ihr Hund muss dafür nur die richtigen Begriffe kennen und den Gegenstand damit identifizieren.

Springen durch den Reif

Kommando:
Durch oder Hopp!
Ausrüstung:
Halsband, Leine, Leckerlis, Hula-Hoop-Reif

Der Sprung durch den Reif erfordert viel Geschick vom Hund und Geduld von Seiten des Trainers. Cindy ist mit großem Eifer bei der Sache.
Foto: Georg Baumann

Step by Step

Bitte lassen Sie den Gesundheitszustand Ihres Hundes untersuchen, bevor Sie sich an diese Lektion heranwagen – Knochen und Gelenke müssen in Ordnung sein. Bei höheren Sprüngen wird das Skelett ziemlich gestaucht. Wählen Sie zum Üben dieser Lektion einen weichen Untergrund.
Im Spielwaren- oder Sportgeschäft gibt es Hula-Hoop-Reifen zu kaufen. Sie können aber genauso gut einen Reifen aus einem Stück Schlauch selber basteln. Sie müssen dabei die beiden Enden des Schlauches mit Klebeband fixieren. Der Ring darf keinesfalls zu klein sein. Ihr Hund sollte gut durch ihn durchpassen. Zeigen Sie Ihrem Hund den Ring. Zu Beginn

halten Sie ihn so, dass er auf dem Boden aufsteht. Nun locken Sie Ihren Vierbeiner hindurch und geben dabei das Kommando »Hopp« oder »Durch«. Ihr Hund soll auf keinen Fall in den Ring beißen oder mit ihm spielen. Hat er den Reif durchschritten, dann loben Sie ihn ausgiebig. Wenn er diesen Teil der Übung beherrscht, heben Sie den Reif einige Zentimeter vom Boden hoch und locken ihn wieder hindurch. Dabei sollte der Hund jetzt springen und nicht nur hindurchsteigen. Je nach Fortschritt halten Sie den Reif immer ein Stückchen höher.

Zick Zack um die Beine

Kommando:
Wave
Ausrüstung:
Halsband, Gerte, Leckerlis

»Wave« nannte Eva diese Übung, bei der ihr Cindy in einer Acht um die Beine läuft.
Foto: Georg Baumann

Step by Step

Der Hund steht vor Ihnen und schaut in Ihre Richtung. Grätschen Sie die Beine, locken Sie Ihren Hund mit einer Belohnung in den Händen zwischen Ihren Beinen durch und geben Sie dabei das Kommando Wave. Lassen Sie den Hund nicht wieder durch die Beine zurückweichen, sondern führen Sie ihn mit der Hand außen um ein Bein herum. Locken Sie ihn anschließend wieder durch die Beine hindurch und weisen Sie ihm nun den Weg um das andere Bein herum. Dabei geben Sie erneut das Kommando Wave. Ihr Hund sollte zwischendurch auf keinen Fall an Ihnen hochspringen oder nervös um Sie herumhüpfen. Diese Übung soll ruhig aber flüssig ausgeführt werden. Wenn der Hund seine Aufgabe begriffen hat, schlängelt er sich um Ihre Beine herum und beschreibt sozusagen dabei mit seinem Körper eine Acht. Diese Lektion erfordert viel

Geduld und Übung.
Im nächsten Schritt können Sie Ihren Hund diese Lektion auch in der Bewegung ausführen lassen. Dabei stellen Sie ein Bein vor das andere, als wollten Sie einen Schritt machen. Leiten Sie den Hund um das hintere Bein herum. Sobald er unter dem vorderen Bein hindurchgelaufen ist, nehmen Sie das andere Bein vor. Wiederholen Sie diesen Vorgang in einer leichten Vorwärtsbewegung. Wenn Ihr Hund diese Übung beherrscht, können Sie nun etwas schneller gehen. Beachten Sie dabei, dass Ihr Vierbeiner die Aufgabe stets korrekt durchführt.

Rollen

Kommando:
Roll oder Rum
Ausrüstung:
Halsband, Leckerlis

Step by Step

Voraussetzung für diese Übung ist, dass der Hund auf Kommando Platz macht. Üben Sie das Rollen nur auf einem weichen Untergrund. Es ist nicht zu empfehlen, dass Ihr Hund mit der Wirbelsäule über einen harten Boden rollt. Nehmen Sie ein Leckerli und leiten Sie den Kopf Ihres Hundes in Richtung seines Bauches. Nun führen Sie Ihre Hand gerade in Richtung des Rückens. Ihr Hund muss Ihrer Hand folgen. Ihr Vierbeiner wird vielleicht versuchen aufzustehen, um an die Leckerei zu kommen oder nach ihr schnappen. Dulden Sie das auf keinen Fall. Lassen Sie ihn wieder ablegen und beginnen Sie von vorne. Wird Ihr Hund nervös, warten Sie ein paar Minuten ab, bis er sich wieder beruhigt hat. Nun führen Sie Ihre Hand über den Rücken hinaus, so dass Ihr Hund gezwungen ist, sich über den Rücken zu rollen, um das Leckerli zu erreichen. Vergessen Sie nicht dabei, Ihr Kommando ständig zu wiederholen. Sobald Ihr Vierbeiner sich auf die andere Seite gerollt hat, loben Sie ihn ausgiebig.

Mütze vom Kopf ziehen

Kommando:
Mütze
Ausrüstung:
Halsband, Baseballkappe, Leckerlis

Step by Step

Man sollte diesen Trick nicht mit jedem Hund einstudieren. Ist Ihr Hund sehr ungestüm, dann lassen Sie es am besten.
Für diese Lektion muss Ihr Hund das Männchen-Machen beherrschen. Nehmen Sie eine Mütze, am besten eignet sich eine Baseballkappe. Zeigen Sie Ihrem Vierbeiner den Gegenstand. Animieren Sie ihn dazu, die Kappe ins Maul zu nehmen. Geben Sie dabei das Kommando »Mütze«. Sobald ihr Vierbeiner die Mütze nimmt, loben Sie ihn ausgiebig. Der Hund darf dabei nicht mit der Mütze spielen. Er sollte sie ruhig im Maul halten. Erst auf Ihre Anweisung darf Ihr Hund den Gegenstand loslassen. Sobald Ihr Hund diese Übung begriffen hat, gehen Sie zum nächsten Schritt über. Setzen Sie die Mütze auf und knien oder setzen Sie sich vor Ihren Hund. Geben Sie das Kommando »Mütze«. Ihr Hund soll Ihnen jetzt die Mütze vom Kopf ziehen. Loben Sie ihn, wenn die Lektion gelungen ist. Diese Übung können Sie je nach Größe Ihres Hundes auch im Stehen durchführen. Passen Sie dabei auf, da der Hund damit beschäftigt ist, das Gleichgewicht zu halten.

Mütze klauen – eine nicht ganz ungefährliche Lektion, die großes Vertrauen und absoluten Gehorsam voraussetzt.
Foto: Georg Baumann

Ready for Show

Zusammenstellen einer Show

Nachdem Sie nun sicher die meisten Lektionen ausprobiert haben, sollten Sie ein recht stattliches Repertoire an Tricks beherrschen. Natürlich kann Ihr Pferd oder Hund nicht alle hier genannten Lektionen jetzt schon perfekt beherrschen, doch ich hoffe, Sie hatten eine Menge Spaß beim Einstudieren.

Nun kommt vielleicht der Zeitpunkt, wo Sie sich ernsthaft überlegen, das Erlernte vor Publikum zu zeigen.

Glauben Sie mir, über das Zusammenstellen einer Show oder gar eines Showprogrammes könnte man alleine ein Buch füllen. Es gilt vieles zu beachten: das Motto der Show, die einzelnen Programmpunkte, das Zielpublikum, die Kostüme, die Musik usw.

Ich möchte Ihnen mit einigen Tipps das Zusammenstellen Ihrer ersten Show erleichtern. Während des Trainings beginne ich eine Liste zu erstellen, in die ich den Ausbildungsstand meines Pferdes eintrage. Hier kann man schön die Erfolge sehen.

Sie könnte folgendermaßen aussehen:

Lektion	verstanden	gut	flüssig	showfertig
liegen	X	X	X	X
sitzen	X	X	X	X
Seil hüpfen	X	X		

Machen Sie sich auch so eine Liste, dann wissen Sie, wo Sie mit Ihrem Pferd stehen. Sie werden nach einer Weile über Ihre Ergebnisse staunen. Sie können nun entscheiden, welche Lektionen und Tricks für die Show in Frage kommen.

Einfach eine Lektion nach der anderen zeigen – das will heute keiner mehr sehen. Sie sollten ein Thema oder ein Motto haben und alles darauf abstimmen. Wie bei einem Film oder Buch sollte sich auch durch Ihr Programm ein roter Faden ziehen.

Das Thema sollte zu den Pferden passen. Wenn Sie ein pfiffiges Shetty besitzen, das zu jedem Schabernack aufgelegt ist, dann überlegen Sie sich doch ein Programm zu »kleines Pferd ganz groß«. Ziehen Sie sich und Ihrem Pony etwas Fetziges an und bauen Sie die Nummer locker und lustig auf. Das heißt Pferd, Mensch, Kostüme, Musik und Wahl der Lektionen sollten einfach harmonisch zusammenpassen. Ein spanischer Hengst in einer Clown-Nummer kann toll wirken, aber mal ehrlich, so etwas muss nicht sein. Das Publikum hat natürlich ein klares Bild zu den einzelnen Rassen vor Augen. Meist werden Klischees bedient. Ein ausgesprochen schickes Pferd sollte man meiner Meinung nach möglichst auch ausgesprochen schick präsentieren. Einen absoluten Charmeur so natürlich wie möglich und den Spitzbub eben so frech und lustig wie möglich.

Ein Dankeschön ans Publikum – das Kompliment zum Abschied sollte in keiner Show fehlen.
Foto: Karin Tillisch

Letztlich ist aber alles eine Sache des persönlichen Geschmacks. So sehr ich es mir manchmal auch wünsche, mal ein Quarter Horse oder Pony am Langen Zügel oder Barockpferde in einer ungezwungenen lustigen Nummer zu sehen – ob das wirklich beim breiten Publikum ankommt? Wer mit Klischees arbeitet, ist meist auf der sicheren Seite (das ist aber genau der Grund, weshalb ich manchmal versuche, Nummern entgegen aller Klischees zu machen).
Die Zusammenstellung einer Show sollte natürlich auch Ihren persönlichen Geschmack und Ihre Einstellung in puncto Umgang mit Pferden und Reitweise widerspiegeln. Sie sind fasziniert von der spanischen Reitweise? Dann machen Sie doch eine flotte Flamenco-Nummer. Beziehen Sie eine Tänzerin auf einem Podest mit ein und lassen Sie Ihr Pferd im Spanischen Schritt drum herumgehen. Oder lassen Sie das Pferd auf einem anderen Podest den Takt mitklopfen.
Sie sind ein Lucky Luke Fan? Stylen Sie sich entsprechend und setzen Sie sich mit Ihrem »Jolly Jumper« samt Angelrute vor ein Babyplanschbecken inmitten der Arena zum Angeln.
Das Wichtigste bei einer Nummer ist, dass der Aufbau stimmt. Beginnen Sie mit den einfachen Lektionen und schließen Sie mit einem Höhepunkt. Hierbei tun Sie auch Ihrem Pferd einen Gefallen, da es dann erst einmal Gelegenheit hat, sich auf die neue Situation einzustellen, ohne dass gleich etwas Schwieriges verlangt wird.

Lustige Showeinlagen kommen fast immer beim Publikum an. Hier spielt Shadow »sturer Esel«, eine Abwandlung des Sitzens.
Foto: Katja Schäfer

Scheuen Sie sich nicht, erst einmal ganz gewöhnliche Bodenarbeit auf vielleicht »ungewöhnliche« Art zu präsentieren. Ich mache manchmal mit Shadow erst einige Seitengänge am Boden, Vor- und Hinterhandwendung und Rückwärtsrichten – natürlich alles ohne Zaumzeug und Zügel, nur mit Gerte. Sie werden es kaum glauben, doch das Publikum ist dann manchmal so fasziniert, dass es sich gar nicht zu klatschen traut und man immer wieder »das ist ja toll« und »guck mal, wie fein der das macht« hört.
Je nach Thema Ihrer Show sollten Sie sich überlegen, ob Sie überwiegend ruhige oder überwiegend schnelle Nummern haben wollen. Anfangs wäre es schon etwas viel von Ihrem Pferd zu verlangen, in einem Programmpunkt von vielleicht fünf Minuten vom wild steigenden Mustang zum brav aus der Flasche nuckelnden Fohlen zu mutieren.
Finden Sie heraus, welche Nummer Ihr Pferd am liebsten und somit auch am besten macht. Nehmen Sie diese dann als zentrale Lektion, also als Höhepunkt der Show. Bei Shadow ist dies das Totliegen in meinem Schoß. Das ist nicht gerade eine »Reißer-Nummer«, aber bei Pferdeleuten kommt es unglaublich gut an, wenn Shadow mitten in der riesigen Arena liegt, die Zuschauer um sich herum zu vergessen scheint und einschläft. Einmal hat sich der Moderator bei einer Show im Elsass neben mich gesetzt und Shadow das Mikro an die Nüstern gehalten. Das Publikum konnte sein glückliches »Blubbergrunzen« hören. Das war der Hit. Und das bei einer Vorstellung, in der Kaskadeure die wildesten Stunt-Nummern zeigten und durchs Feuer gesprungen wurde.
Suchen auch Sie sich so ein »persönliches Highlight«. Lassen Sie es ruhig zu Ihrem »Markenzeichen« werden.

Kleider machen Leute

Kostüme müssen nicht immer aufwendig sein, um zu wirken. Chaps, ein Lederoberteil und drei Dosen Fingerfarbe und fertig ist der »Show-Indianer«.
Foto: Marianne Tillisch

Das Show-Kostüm sollte man mit größter Sorgfalt auswählen, da es wesentlich zum Gesamtbild der Darbietung beiträgt. Es sollte die dargebotenen Lektionen und das Thema der Shownummer entsprechend untermauern.
Die Wahl des Kostüms hängt in erster Linie vom eigenen Geschmack ab. Dennoch sollte man stets auch darauf achten, dass das Kostüm mit dem Pferd harmoniert. Ein weißes Kostüm auf einem cremefarbenen Pferd ist vielleicht dann keine so glückliche Wahl, ebenso wenig wie ein rosanes auf einem Fuchs. Wenn Sie sich nicht ganz sicher sind, machen Sie es einfach so wie ich: Rekrutieren Sie einige modebewusste Freunde zur Vorauswahl. Daraus kann dann zwar eine heftige Debatte werden, aber viele Augen sehen nun mal mehr als zwei.
Die Frage ist nun, wo man ausgefallene Kleidungsstücke herbekommt. Ich habe im Laufe der Zeit zwei »Hauptquellen« entdeckt. Eine davon ist der Flohmarkt, man glaubt gar nicht, was man da manchmal für ausgefallene Stücke findet. Die zweite Quelle ist das Internet und die dortigen Auktionshäuser. Man kann unter den Suchbegriffen »Fasching«, »Karneval«, aber auch »Gothic«, »Theater« und »Larp« nachsehen. Einige »Nebenquellen« für mein Showoutfit sind die Rumpelkammern meiner Verwandtschaft und Bekanntschaft.
Achten Sie bei der Wahl des Kostüms jedoch immer darauf, dass es auch funktionell ist, sprich alle Bewegungen und Haltungen zulässt, die Sie während der Show einnehmen müssen.
Das Kostüm muss Ihnen nicht nur passen und stehen, es muss auch mit der

Das Nikolauspferd samt Reiter – die komplette Ausstattung stammt aus einem Supermarkt.
Foto: Karin Tillisch

Manchmal ist weniger mehr – ein schlichtes weißes Pannesamt-Kleid und eine Halskordel und schon hat man eine Impression aus »Herr der Ringe«.
Foto: Marianne Tillisch

Farbe und dem Gebäude des Pferdes harmonieren. Es sollte auch zum Thema und den dargebotenen Lektionen passen und auf die Musik abgestimmt sein.
Für die erste Show muss man es aber nicht gleich übertreiben. Bei kleineren Veranstaltungen ist es meist vollkommen ausreichend, wenn Ausrüstung von Pferd und Mensch farblich und stilistisch aufeinander abgestimmt sind. Bei meiner Nummer »Shadow unlimited« habe ich mir einfach mit ein wenig Fingerfarbe beholfen, um Shadow passend zu meiner Jeans-Kombination zu stylen.

Die erste Show

Nehmen Sie Ihren Auftritt nicht zu ernst. Natürlich muss man sich vorbereiten und vor allem die Lektionen mit dem Pferd gut einstudieren, aber man sollte sich selbst nicht zu sehr unter Druck setzen. Wenn etwas misslingen sollte, dann ist das eben so. Wir haben es schließlich mit Lebewesen zu tun und nicht mit Maschinen.
Das Problem heutzutage ist, dass das Publikum durch die Medien und insbesondere die Glitzerwelt der Filme verwöhnt ist und sich durch nichts mehr so leicht begeistern lässt. Wenn da, überspitzt gesagt, die

Spezialeffekte nicht mit »Star Wars« oder die Stunts mit »Matrix« mithalten können, dann reißt das fast keinen mehr vom Hocker. Die meisten Leute vergessen, dass in Hollywood stets mit dem Computer nachgeholfen wird und manchmal bis zu 40 einzelne Szenenaufnahmen gedreht werden, ehe eine davon passt. Diesen Vorteil haben wir in einer Liveshow nicht, da muss alles auf Anhieb sitzen.

Zwischen Trick und Trickserei

Was ist unter Trickserei zu verstehen? Ich verstehe darunter jegliche Art des »Schummelns«. Und hier sind der Kreativität der Menschen oft keine Grenzen gesetzt. Ich will Ihnen an einem Beispiel zeigen, wo der Trick endet und die Trickserei beginnt:

Ein gut ausgebildetes Pferd sollte sich in der Show auf Gertenzeig hinlegen. Rechnet man Aufregung von Pferd und Mensch dazu, kann es sein, dass mit der Hand ein wenig nachgeholfen werden muss oder man auch zwei oder drei Anläufe braucht. Ist auch kein Problem. Hat das Pferd diese Lektion gelernt, wird es sie in den Stufen zeigen, wie es sie gelernt hat – Kompliment, Knien, Kopf stellen, Einknicken, Ablegen, Liegen. Wobei das Kompliment auch bei sehr versierten Pferden übersprungen werden kann. Für mich ist das ruhige und gesittete Hinlegen eines Pferdes auf ein Kommando ein Trick. In der ganzen Aufregung der Show kann es dann natürlich passieren, dass das Pferd ohne Signal aufspringt, aber auch das sollte nicht so hart vom Publikum geahndet werden.

Trickserei ist für mich Folgendes. Das Pferd wird mit demselben Griff umgeworfen, wie ein Cowboy eine Kuh zu Fall bringt. Beispielsweise nimmt man dazu ein Bein des Pferdes hoch, winkelt es an und zieht den Kopf des Pferdes Richtung Widerrist ruckartig herum (am besten noch auf blanker Kandare), dass es das Gleichgewicht verliert und wie ein nasser Sack zu Boden plumpst. Dann wird der Kopf mit reiner Kraft in dieser verdrehten Position gehalten und das Pferd somit daran gehindert, aufzustehen. Das Pferd hat diese Lektion nicht gelernt und daher kann solch ein Ergebnis auch nicht als Trick bezeichnet werden.

Es sieht nicht nur ungemein brutal und unschön aus, sondern es ist dem Pferd gegenüber mehr als unfair. Man nutzt sein Vertrauen und seine Gutmütigkeit aus, um sich selbst darstellen zu können.

So etwas sollte man vermeiden

Ich rate davon ab, zu viele Spezialeffekte in das Programm einzubauen. Der eigentliche Sinn, nämlich zu zeigen, was man kann, geht dabei aus meiner Sicht verloren.

Ich rate auch vor zu schnellen Vorstellungen ab, die im Galopp beginnen und im Galopp enden. Dafür gibt es genügend hochkarätige Stuntreiter- und Kaskadeur-Trupps, da muss man als Freizeitreiter nicht mitmischen. Abgesehen von den Shows echter Profis geht das immer auf Kosten der Pferde.

Als Drittes rate ich vor den zuvor genannten peinlichen und meist auch unfairen Tricksereien ab. Üben Sie mit Ihrem Pferd die Lektionen auf reelle Art und Weise, lassen Sie sich Zeit und behandeln Sie Ihr Pferd wie einen Partner.

Wählen Sie für Ihre erste Show nur Lektionen aus, die Ihr Pferd absolut sicher beherrscht. Denn auf der Show klappen meist nur 50 % von dem, was zu Hause funktioniert.

Shadow ist der absolute "Kinderstar". Kinder, die Angst vor Pferden und vor dem Reiten hatten, gewannen durch sein sanftes Wesen wieder Vertrauen. Viele sind heute wieder begeisterte Reiter, die durch Shadow einen Weg mit Pferden umzugehen kennen lernten, der ihnen leider in ihren Reitschulen verschlossen geblieben war. *Foto: Ingo Ehrmeier*

Wo soll der erste Auftritt sein?

Den ersten öffentlichen Auftritt hat man meist im eigenen Verein oder auf dem Hof, wo man sein Pferd untergebracht hat. Hier bespricht man in der Regel im Team, wie das Showprogramm bei einer Veranstaltung auszusehen hat. Wird man aber eingeladen, muss man planen.

Für einen Auftritt auf einer Westernranch, die sich sehr um die Jugend bemüht, entwarf ich eine Nummer mit Kindern. Das war der absolute Hit! In Frankreich, wo das Westernreiten mehr mit Spaß verbunden ist als bei uns, zeigte ich eine Fußballnummer im Westernoutfit ohne Kopfstück. Bei einem Auftritt auf einem Reit- und Springturnier hingegen entschied ich mich für ein »klassisches« Outfit und zeigte neben Zirkuslektionen auch Seitengänge und Bahnfiguren ohne Sattel und Trense sowie eine Nummer am Langen Zügel. Das kam dort gut an. Das Programm muss zur Veranstaltung passen. Gerade bei klassischen Turnieren muss man besonders aufpassen, was man zeigt. Wer beispielsweise zu einem Springturnier geht, der möchte in erster Linie springen sehen. Hier eine Zirkusnummer zu zeigen kann eine gute Entscheidung sein, aber auch ein »Stilbruch«, dem das Publikum nicht folgen kann. Eine Shownummer zu zeigen, die keinerlei Zusammenhang mit dem sonst Dargebotenen hat, ist riskant. Wird etwas jedoch unter einem entsprechenden Motto richtig geplant, kann es ein großer Erfolg werden.

Im Vorfeld

Es ist also immens wichtig, die Shownummern auf das Umfeld abzustimmen. Sprechen Sie vorher mit dem Organisator alles genau ab. Ich gehe mittlerweile bei größeren Veranstaltungen sogar so weit, dass ich die betreffenden Manager und Organisatoren einfach einlade, sich die Pferde vorab anzusehen. Dann präsentiere ich ohne Musik und Kostüme, wenn es sein muss, die einzelnen Komponenten, aus denen man eine Show zusammenstellen kann. Ich lasse den Veranstalter durchaus mitbestimmen, was vorgeführt werden könnte – die Endauswahl und Zusammenstellung treffe dann ich. Diese Methode ist manchmal aufgrund großer Entfernungen oder enger Terminkalender nicht realisierbar. Dann versuche ich zumindest am Telefon soviel abzuklären wie nur irgend möglich. Natürlich kann man dem Veranstalter auch ein gut gemachtes Demoband zukommen lassen.

Wie sieht es mit der Gage aus?

Verkaufen Sie sich nicht unter Wert. Wenn Sie mit Ihrem Pferd viele Monate oder Jahre an Lektionen gearbeitet haben und dann auch noch einen weiten Weg fahren müssen, ist es Ihr gutes Recht ein Honorar zu verlangen. Natürlich müssen Sie etwas für das Geld bieten können. Die Höhe der Gage hängt sicher auch von der Größe der Veranstaltung ab. Zumindest die Fahrtkosten müssen ersetzt werden.

Aufbruchstimmung!

Sie haben nun alles mit dem Veranstalter geklärt und sind bereit, das Pferd einzupacken und loszufahren.
Hier eine Check-Liste der wichtigsten Dinge, an die Sie denken sollten:

Papiere

- ☐ Equidenpass, Führerschein
- ☐ Wegbeschreibung
- ☐ Schriftliche Vereinbarung mit dem Veranstalter

Wichtiges

- ☐ Handy
- ☐ Geld
- ☐ Fotoapparat
- ☐ Videokamera

Zubehör für das Pferd

- ☐ Transportgamaschen
- ☐ im Winter eine Abschwitzdecke, im Sommer eine leichte Fliegendecke und Fliegenspray
- ☐ Putzzeug inklusive Show Sheen und Schminke
- ☐ Waschutensilien (Eimer, Schwamm, Waschbürste, Shampoo, Schweißmesser)
- ☐ Stallhalfter zum Ersatz samt Strick
- ☐ 2 Show-Zaumzeuge oder -halfter

Kleidung

- ☐ 2 Show-Outfits
- ☐ 1 normales Outfit für Sie
- ☐ 2 zu den entsprechenden Outfits passende Pferdeausrüstungen (Pads, Bandagen etc.)

Show-Gimmicks

- ☐ Podest, Seilbogen, Gerten, Nuckelflasche, Baseballkappe usw.

Stallapotheke

☐ Blauspray
☐ Verbandszeug (am besten ein kompletter Erste-Hilfe-Koffer für Pferde)
☐ Rescue Tropfen (nicht fürs Pferd, sondern für Sie)

Futter

☐ immer für einen Tag länger als geplant
☐ Heu oder Heuersatz (ich nehme gerne einen 20-kg-Sack Luzerne mit, der reicht im Notfall ca. drei Tage und ist leicht zu verstauen)
☐ Leckerlis in rauen Mengen

»Guten Morgen!« Auf unseren ersten Shows habe ich meistens die Nacht im Auto verbracht und wurde pünktlich bei Sonnenaufgang von Shadow darauf aufmerksam gemacht, dass er gerne sein Frühstück hätte.
Foto: Karin Tillisch

Wenn Sie vor Ort übernachten wollen/müssen, dann ist Folgendes noch mitzunehmen:

☐ Elektrozaun samt Pfählen und Weidezaungerät. Ich hab meistens sechs bis acht Pfähle dabei, das gibt einen netten Paddock.
☐ Wasserdichte Winterdecke (Winter)
☐ Leichte Baumwolldecke für die Nacht (Sommer), dann erspart man sich die unnötige Wascherei am nächsten Tag, um Flecken loszuwerden!
☐ Essen und vor allem ausreichend zu trinken
☐ Dicker Schlafsack im Winter, im Sommer eine leichte Decke mit Kopfkissen
☐ Waschutensilien

Shadow-Mobil – wer mit seinem Pferd auf Shows geht, der darf den finanziellen Faktor nicht unterschätzen. Ein Hänger mit der entsprechenden Zugmaschine kann leicht 10.000 Euro oder mehr kosten.
Foto: Karin Tillisch

Wo man übernachtet, hängt von Ihnen ab. Ich kenne viele, die ein Zelt mitnehmen oder im Hänger schlafen. Ich hatte anfangs mein Auto entsprechend umgerüstet, so dass ich mit wenigen Handgriffen, einigen Schaumgummimatten und einer Decke hinten eine Liegefläche bekam, auf der ich mit meinen 155 cm ausreichend Platz hatte. Mittlerweile leiste ich mir den »Luxus« eines Autodachzeltes. Es ist in 15 Minuten aufgebaut und bietet für 2 Personen Platz.
Sie sollten nicht alleine reisen, sondern eine zuverlässige und ruhige Person mitnehmen, die Ihnen zu Hand geht: Sie beim Parken einweist, Ihnen beim Putzen hilft, das Pferd festhält usw.

Aufbruch

Fahren Sie immer früh genug los. Es darf auf keinen Fall zur Hetzerei kommen. Packen Sie Ihr Auto am besten schon am Abend vorher, so dass Sie am nächsten Tag nur noch das Pferd einladen und losfahren müssen. Dass Ihr Pferd in jeder Situation anstandslos in den Hänger geht, ist die wichtigste Voraussetzung für Auftritte. Sollte dem nicht so sein, üben Sie erst einmal das Ein- und Ausladen, bis es klappt.
Versuchen Sie mindestens zwei Stunden vor dem geplanten Auftritt auf dem Gelände zu sein. Je früher, desto besser.

Gerade angekommen

Bei größeren Veranstaltungen reise ich in der Regel einen Tag früher an und mache mein Pferd dann erst einmal in aller Ruhe mit der Umgebung vertraut und orientiere mich auch selbst. Wo ist der Sprecherturm? Von wo aus wird die Musik gesteuert? Wo steht das Publikum? Wie groß ist der Platz? Wie tief ist der Boden? Wo stell ich was hin?
Zerren Sie bei Ihrer Ankunft das Pferd nicht gleich hektisch aus dem Hänger! Machen Sie erst einmal vorne die Klappe auf, und lassen Sie es herausgucken. Vielleicht geben Sie ihm was zu knabbern. Machen Sie sich dann erst einmal auf die Suche nach dem Show-Manager, um alles abzuklären. Wenn alle Details soweit geklärt sind, können Sie Ihr nun sicherlich entspannteres Pferd aus dem Hänger holen. (Shadow hat immer getobt, wenn ich ihn gleich nach dem Anhalten ausgeladen habe. Hatte er aber zehn Minuten Zeit, sich durch das kleine Guckfenster und die offene Tür zu »akklimatisieren«, war es kein Problem mehr.) Lassen Sie das Pferd sich erst einmal in Ruhe umschauen, und gehen Sie mit ihm dann das Gelände ab. Es wäre gut so früh anzureisen, dass Sie ihm noch

den Showplatz und die Tribünen zeigen können, bevor das Publikum kommt. Vielleicht ist der Verantwortliche für die Musik so nett und lässt schon einmal ein wenig leise Musik laufen, wenn Sie mit Ihrem Pferd den Platz abschreiten, damit es sich daran gewöhnen kann. Verlangen Sie jetzt nichts von Ihrem Pferd, es soll sich einfach in Ruhe umsehen können.

Aufwärmen

Etwa eine Stunde vor Ihrem Auftritt sollten Sie sich langsam richten. Erst einmal wird das Pferd auf Hochglanz gebracht, dann können Sie sich selbst zurechtmachen. Ich lege mein Kostüm immer ganz zum Schluss an, dann ist die Gefahr, dass es sofort dreckig wird, zumindest ein wenig gebannt! Lassen Sie sich bei allen Handgriffen Zeit und gehen Sie höchstens eine halbe Stunde vor Ihrem Auftritt auf den Abreiteplatz. Machen Sie Ihr Pferd ein wenig warm. Vermeiden Sie allzu schnelle Lektionen oder Gangarten. Ich mache meistens nur ein paar Lockerungsübungen durch Spanischen Schritt, Seitengänge und vielleicht ein Kompliment – Shadow weiß dann, dass Show angesagt ist.

Die Show

Konzentrieren Sie sich während Ihres Auftritts nur auf Ihr Pferd und die Musik. Wenn es Sie nervös macht, dann verzichten Sie darauf, sich das Publikum genauer anzusehen. Wenn Sie es richtig machen, dann nehmen Sie das Publikum nur noch als »waberndes Energiefeld« um sich herum wahr. Wenn eine Lektion nicht klappt, lassen Sie sich einfach nichts anmerken und improvisieren Sie. Das fällt in der Regel kaum jemandem im Publikum auf.

Es macht nichts, wenn Sie aufgeregt sind. Etwas Aufregung gehört dazu. Versuchen Sie sich vor dem Auftritt auf jeden Fall etwas zu entspannen. Denken sie daran, wie gut alles zu Hause geklappt hat und stellen Sie sich vor, dass es hier auch so funktionieren wird. Pferde können keine Gedanken lesen, aber sie können Emotionen lesen. Wenn Sie Spaß an der Sache haben, wird auch Ihr Pferd Spaß haben und sein Bestes geben.

Von der Choreographie einer Show hängt viel ab. Für solch eine Nummer mit drei Raubtieren und einem Fluchttier muss man schon eine Weile üben, bis jeder seine Position kennt.
Foto: Ludwig Schuster

Fairplay!

Betrachten Sie andere Akteure nie als Konkurrenz, sondern eher als Mitstreiter. Freuen Sie sich mit ihnen, wenn die Nummer klappt und sparen Sie dann nicht mit Applaus, wenn Ihnen die Darbietung gefallen hat! Sie wollen ja schließlich auch Applaus erhalten, wenn Sie da unten mit Ihrem Pferd in der Show-Arena stehen.

Ziel auf den Mond ...

... auch wenn Du ihn nicht triffst, landest Du immer noch bei den Sternen.

Ich hoffe, Sie haben nun eine Idee davon bekommen, wie man sich einen Weg in das Herz eines Pferdes erarbeiten kann.
Natürlich ist dieses Buch längst nicht komplett. Es spiegelt lediglich einen Teil des Weges von Shadow und mir wieder, und zwar einen Zeitraum von etwa drei Ausbildungsjahren. Was wir in Zukunft noch alles entwickeln und aushecken werden, wird man sehen, aber es wird sicherlich wieder Spaß machen! Vielleicht begegnen wir uns ja mal auf einer Show oder einem Turnier. Kommen Sie nur auf mich zu, denn mich würden natürlich auch Ihre Erfahrungen mit Ihrem Pferd interessieren.

Der fünf Jahre alte Alexander Schuster begleitete Shadow und mich auf einigen Shows – das innige Verhältnis des kleinen Jungen zu Shadow beeindruckte das Publikum hierbei am meisten.
Foto: Ludwig Schuster

Ich genieße die vielen schönen Augenblicke mit meinem Pferd. Die Wenigsten erlebe ich bei Auftritten. Es waren eher die zufälligen Momente, die es mir einmal wieder bestätigten: Es war die Mühe wert. Mein Großonkel erzählte mir, als ich ihm Bilder von Shadows Shows zeigte, dass Shadow wohl genau das Pferd ist, das sich mein Opa immer gewünscht hätte. Mein Opa muss wohl immer von einem weißen Araber geträumt haben. Es wäre für ihn das Schönste gewesen, einmal solch ein Pferd zu besitzen. Wenn ein Zirkus in der Stadt war, hat mein Opa das Geld zusammengekratzt und ist in die Vorstellungen gegangen. Nur um dort hoffentlich einen Araber zu sehen. Mein Opa starb, als ich neun Jahre alt war, ohne dass er sich diesen Traum hätte erfüllen können. 15 Jahre später kaufe ich mir sein Traumpferd. Als mein Opa mich mit drei Jahren das erste Mal auf Nachbars Shetlandpony setzte, konnte er noch nicht ahnen, wie pferdeverrückt ich werden sollte.
Er hat sicher meine Liebe zu den Pferden in mir geweckt. Sein Umgang mit und seine Einstellung gegenüber Tieren hat mich sehr geprägt.
Für ihn waren Pferde keine Sport- oder Arbeitsgeräte, sondern eher Familienmitglieder, Freunde und Arbeitskollegen. Sein Statement für alle Probleme, die je mit einem Tier auftauchen können, war so einfach, wie wahr: »Ein Tier ist genau so gut oder schlecht, wie sein Mensch«.
Mit seiner Liebe zu den Pferden und seiner Freude an allen Tieren hat mein Opa damals schon in meiner Kindheit auf den Mond für mich gezielt, einen möglichen Weg aufgezeigt.
Gut, auf dem Mond gelandet sind Shadow und ich nicht, aber bei den Sternen gelandet sind wir allemal ...

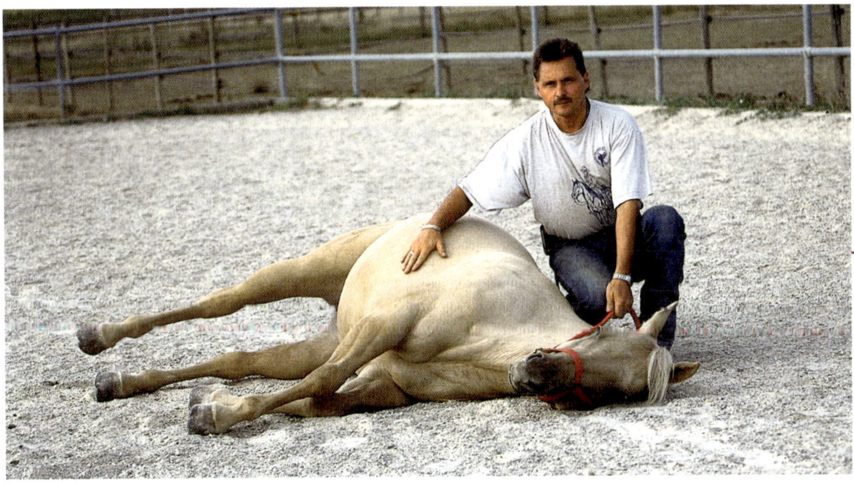

Dieter Hämmerle mit seiner Quarter Horse Stute Sunflower. Ohne ihn hätte ich Shadow sicher nicht gekauft. Deshalb an dieser Stelle: Dieter, vielen Dank.

Serviceteil

Bauanleitungen

Fußlonge

Man benötigt ein ca. 4 m langes und ca. 4 cm breites, stabiles und weiches Band aus Gurtmaterial oder eine recht breite Longe. Am Ende der Longe macht man eine Schlaufe. Sie sollte etwa 10–15 cm lang sein. Sie muss gut festgenäht werden.
Materialkosten ca. € 5,-–10,-

Fußball

Ich habe meinen Ball bei einem Krankengymnast gekauft. Diese oder auch Ärzte haben oft ganze Kataloge mit Bällen in allen Größen. Mein Ball auf den Bildern hat einen Durchmesser von 100 cm und hält einer Belastung von etwa 100 kg stand. Natürlich kann man auch die kleineren Gymnastikbälle, wie man sie manchmal sogar im Supermarkt bekommt, verwenden, diese gehen aber wesentlich schneller kaputt. Bei zu kleinen Bällen besteht die Gefahr, dass die Pferde darüber stolpern.
Ein kleiner Ball kostet ca. € 30,-, ein großer ca. € 60.-.

Podest

Für das Podest der Mocha Oak Ranch in Weyersheim, Elsass, wurde ein alter Traktorreifen mit einem Durchmesser von 90 cm, einige Holzstreben und eine entsprechend große Sperrholzplatte von ca. 3 cm Dicke besorgt. Die Platte wurde dem Reifen angepasst, der Reifen innen mit kleinen Holzstreben stabilisiert und die Holzplatte dann aufgeschraubt. Die ganze Konstruktion wiegt schätzungsweise 40 kg, ist ca. 35 cm hoch und lässt sich gut rollen.
Variante 2 ist das Patent von Edwin Tillisch, ich nenne es das »Step n Tap«, da ich hierauf samt Pferd einen Stepptanz hinlegen kann! Für dieses Podest benötigt man eine handelsübliche Platte »Riffelblech« aus

Aluminium, ein auf zwei Meter groß, mit einer Stärke von mindestens vier Millimetern. Aus diesem Stück schneiden Sie dann einen Kreis mit dem Durchmesser von 90 cm aus (am besten ein Quadrat 1 x 1 m ausschneiden und dann abrunden). Das Reststück zerschneiden Sie in drei gleiche Teile, welche Sie sich dann entsprechend rund biegen und zusammenschweißen lassen müssen. Vor dem Zusammenschweißen können dann zum besseren Transport noch Griffe eingearbeitet werden. Darauf habe ich persönlich aber aus Sicherheitsgründen verzichtet! Auf dieses Rund wird dann die Platte aufgeschweißt und alle Ecken und Kanten abgerundet. Anstatt die Platte aus Riffelblech zu machen, kann man hier auch eine Sperrholzplatte von mindestens drei Zentimetern Dicke verwenden und diese dann zusätzlich noch mit einem Gummi bespannen.

Das »Traktorpodest« ist sehr robust und auch leicht zu bauen.
Foto: Karin Tillisch

Aus Sicherheitsgründen habe ich dieses Podest mittlerweile mit einem Stück Kunstrasen bespannt. Das dämpft ein wenig die Hufgeräusche und bietet dem Pferd besseren Halt. So ist es zudem wesentlich sicherer, wenn das Pferd doch mal eine ungeschickte Bewegung macht. Hierzu biegt man einen das Podest umfassenden Ring aus abgerundetem Metall und spannt das entsprechend zugeschnittene Stück Kunstrasen dann auf die Oberfläche. Der Ring wird fest über die überstehenden Ränder des Kunstrasens gestülpt. So wie bei einem alten Einmachglas der Gummi über die Einmachfolie kommt. Dann schraubt man den Ring fest, versenkt die Schrauben und flext und feilt sie so ab, dass keinerlei Kanten eine Verletzungsgefahr darstellen können.

Wer diesen Ring gut gearbeitet und verschraubt hat, der kann den Kunstrasen auch leicht wieder entfernen und auswechseln.

Um ein Einsinken des Podestes in den Boden zu verhindern, haben

Das Podest aus Riffelblech ist leicht und dadurch auch gut zu transportieren. Leider ist es viel fertigungs- und kostenintensiver als das Traktorpodest.
Foto: Karen Weber

wir des Weiteren aus dem noch übrigen Material vier fast gleichschenklige Dreiecke herausgeschnitten, welche nach entsprechendem Abrunden unten in regelmäßigen Abständen so angeschweißt wurden, dass die Dreiecksspitzen nach innen zeigen. Auf diese Weise kann man das Podest auch locker alleine tragen, indem man zwei dieser Dreiecksstege packt und sich das Podest gegen den Bauch drückt und so trägt.
Diese Konstruktion wiegt etwa 26–28 kg aus Riffelblech, die Sperrholzvariante ist etwas schwerer.
Materialkosten ca. € 100,-

Springseil

Für das Springseil besorgt man sich aus dem Baumarkt zwei etwa zwei Meter lange Bambusstäbe (Gartenabteilung) sowie ein Stück Gartenschlauch von ca. 80–100 cm Länge, das sich über diese Stäbe stülpen lässt, sowie etliche Rollen gutes Isolierband.
Setzen Sie sich dann erst einmal mit den Stäben auf das Pferd und schwingen Sie diese von vorne nach hinten, so dass sie dabei den Boden berühren. Kürzen Sie die Stäbe dann auf das für Sie und Ihr Pferd angenehmste Maß. Bei einem etwa 160 cm großen Pferd wie Shadow und bei meiner Wenigkeit mit stattlichen 155 cm Größe sind die Stäbe ca. 170 cm lang.
Stülpen Sie dann je ein Ende des Schlauches über einen Stab, und schieben Sie ihn gut zehn Zentimeter darüber. Umwickeln Sie das Ganze großzügig mit Isolierband und zwar so, dass das Isolierband noch gut weitere zehn Zentimeter über den aufgeschobenen Schlauch in den Stab hineinreicht.
Anstatt des Schlauches kann man auch ein dickes, schweres Hanfseil verwenden. Das schwingt aber nicht so regelmäßig.
Materialkosten: ca. zehn Euro für gute Stäbe, zwei Euro für den Gartenschlauch und ca. vier Euro für das Isolierband

Nuckelflasche

Meine Nuckelflasche ist komplett in der Raifeisenabteilung entstanden. Die Flasche selbst ist eine Kaninchen Wasserflasche aus gutem Plastik und der Sauger ist ein Kälbchensauger.
Materialkosten: Flasche ca. drei Euro, Sauger drei bis vier Euro

Leckerlis selbst gemacht

Auf diesem Grundrezept lassen sich viele Leckerli-Rezepte aufbauen.

Zutaten:

250 g	Vollkornmehl
100 g	Weizenkleie geschrotet
150 g	Haferflocken
200–250 ml	Zuckerrübensirup/Honig

Wasser

Temperatur:

ca. 150–180 Grad, vorgeheizt

Zubereitungszeit:

ca. 20 Minuten

Backzeit:

ca. 10–20 Minuten

Zubereitung:

Vollkornmehl, die Weizenkleie und die Haferflocken in eine große Knetschüssel geben und vermengen. Wenn man Zuckerrübensirup oder Honig verwendet, sollte man diesen leicht erhitzen, bis er gut flüssig ist. Bei Invertzucker sollte dieser bis zur totalen Flüssigkeit erhitzt und dann auch gleich verwendet werden – die Leckerlis mit Invertzucker werden um einiges härter und müssen schneller verarbeitet werden! Formen Sie eine Mulde in der Schüssel. Geben Sie dann den Sirup und den Invertzucker hinein und beginnen Sie mit einem Löffel alles von innen heraus langsam zu vermengen. Ist der Teig zu fest, gibt man »schluckweise« Wasser hinzu, bis er angenehm zu kneten ist. Es kann sein, dass der Teig sehr schnell sehr hart wird.

Der Teig ist genau dann richtig, wenn er nicht mehr auseinander fällt, sich aber dennoch ohne zu schmieren teilen und formen lässt.

Legen Sie jetzt ein Backblech mit Backpapier aus. Formen Sie aus dem Teig entweder kleine Kugeln, Taler oder Stangen. Wenn es schnell gehen soll, dann machen Sie einfach eine lange »Wurst« von ca. 1 cm Durchmesser und schneiden diese dann in 2 cm lange Stückchen.

Den Ofen auf ca. 180 Grad vorheizen und die Leckerlis auf mittlerer Schiene backen. Nach 15–20 Minuten, wenn die Leckerlis langsam braun werden, probeweise eines herausnehmen, kurz auskühlen lassen – wenn es während des Auskühlens härter wird, sind die Leckerlis fertig.

Rosinenschnitten

250 g	Vollkornmehl
100 g	Weizenkleie, geschrotet
100 g	Haferflocken
100 g	ungeschwefelte Rosinen/Sultaninen
250–300 ml	Zuckerrübensirup/Honig

Karotten-Leinsamen-Leckerli

250 g	Vollkornmehl
100 g	Weizenkleie, geschrotet
150 g	Haferflocken
100 g	Karottenschnitzel
250–300 ml	Zuckerrübensirup/Honig

Hafer-Leinsamen-Riegel

250 g	Vollkornmehl
100 g	Weizenkleie, geschrotet
150 g	Haferflocken
100 g	Leinsamenschrot
250–300 ml	Zuckerrübensirup/Honig

Alle Leckerlis in einem kühlen, trockenen Raum flach ausgebreitet austrocknen lassen und erst einen Tag später füttern. Binnen 3–5 Tage verfüttern.

Nützliche Kontaktadressen

Sollten Sie Fragen zu Training, Unterricht oder Kursen haben, freue ich mich von Ihnen zu hören. Ich biete das ganze Jahr über Kurse für Einsteiger und Fortgeschrittene an. Zudem komme ich gerne zu Ihrer Veranstaltung: 40 Lektionen, 10 Kostüme, 7 Gangarten, 3 Reitweisen, 1 Pferd – ein Team. Von der 15 Minuten Einlage bis zum komplett ausgearbeiteten Tagesprogramm ist alles möglich.

Mocha Oak Ranch
Eva Hesselschwerdt/Sita Stepper
Domaine Maenzern
67720 Weyersheim, Alsace, France
Tel./Fax: 0033-388692919
www.mor-ranch.de

Red Rock Ranch
Dieter Hämmerle
Landsiedlung 5
79336 Herbolzheim
Tel.: 07643-40490
www.redrockranch.de

Heinz Welz
Auf der Bleiche 10
51570 Windeck
Tel.: 02292-800120
www.heinzwelz.de

Peter Pfister
Hermann-Löns-Str. 11
35713 Eschenburg-Eibelshausen
Tel.: 02774-6118
www.peterpfister.de

Franz Bosch
Walfischgasse 10
89073 Ulm
Tel.: 0731-66660

Marlit Hoffmann
Katzenfurterstr. 4
35630 Daubhausen
Tel.: 06449-71000 & 6851
Fax: 06449-921826
www.dilltal-connemaras.de
www.hoffmann-daubhausen.de

Vielen Dank

An dieser Stelle möchte ich mich ganz herzlich bei meinen Bekannten, Freunden und Kollegen bedanken, die mir für dieses Buch mit ihren vierbeinigen Partnern als Models zur Verfügung standen:
Sita Stepper mit ihrem Quarter Horse Hengst »Docs Smokey Dry« – Deutscher Meister Superhorse und Deutscher Allaround Champion 2003.
Dieter Hämmerle mit seiner Quarter Horse Stute »Hollywoods Sunflower«.

Karen Weber mit ihrem Vollblutwallach »Caven«.
Silke Teuber und ihre Shetland Ponys »Max vom Sternlesberg« und »Mister Charly Brown«.
Eva Bauman mit ihrer Schäferhund-Husky-Hündin »Cindy«.
Dagmar von Saenger mit ihrem Vollblutwallach »Apollo 11«.
Und natürlich noch ein besonderes Dankeschön an die Württembergerstute »Kiera«, einfach eine ganz besondere Pferdedame, die als mein erstes »Versuchspferd« in Sachen Zirkuslektionen freudig mit von der Partie war.
Ich möchte mich zudem bei meinen Korrekturlesern: Heinz Welz, Marlit Hoffmann, Sita und Gabor Stepper, Roland Erdrich, Eva Hesselschwerdt, Dieter Hämmerle, Katja Schäfer, Astrid Vollmer, Claudia König und Franz Bosch bedanken.
Die Trainingsaufnahmen sind auf der Mocha Oak Ranch (Weyersheim, Elsass) sowie auf der Red Rock Ranch (Herbolzheim, Freiburg) entstanden.

Harmonie für Pferd und Reiter

Kerstin Diacont, **Wie sag ich's meinem Pferd?**
Das Potenzial für Missverständnisse zwischen Mensch und Pferd ist groß. Dieser Ratgeber zeigt, wie sich Reiter und Pferd eine Verständigungsgrundlage schaffen, welche Voraussetzungen für eine gute Verständigung notwendig sind und auf welche Weise Vertrauen aufgebaut werden kann.
160 Seiten, 136 Farbbilder, 73 Zeichnungen
Bestell-Nr. 41488 **€ 19,90/sFr 34,90/€(A) 20,50**

Sally A. Tottle, **Reiten mit Körpergefühl**
Welcher Reiter wünscht sich nicht, entspannt auf einem Pferd zu sitzen, das ebenso entspannt seine Lektionen zeigt? Sally A. Tottle vermittelt mit einer Kombination aus Grundlagen der Alexandertechnik und Reitunterricht eine Methode, mit der Reiter ihre Fähigkeiten verbessern können.
128 Seiten, 44 Bilder, davon 35 in Farbe, 37 Zeichnungen
Bestell-Nr. 41386 **€ 16,–/sFr 28,60/€(A) 16,50**

Mary Wanless
Perfekt sitzen, effektiv einwirken
Ob man reiten lernen will oder tief sitzende Haltungsfehler beseitigen möchte – mit der Wanless-Methode erreicht man sein Ziel ganz locker. Die Autorin hat ihre bewährten Lernmethoden vereinfacht, die Grundprinzipien der Reiterei in Häppchen zerlegt und mit einleuchtenden Leitfäden und Übungen kombiniert.
144 Seiten, 66 Farbbilder
Bestell-Nr. 41485
€ 19,90
sFr 34,90/€(A) 20,50

Sabine Stuewer/Marlies Borchardt
Den Pferden ganz nah
Dieser Bildband der Extraklasse begleitet Pferde beim Spielen, Ruhen oder Fressen und vermittelt dadurch einen tiefen Einblick in ihr Verhalten und ihren Lebensrhythmus. Mit hervorragenden Bildern und einfühlsamen Texten schaffen es die Autorinnen, dem Betrachter die Welt der Pferde nahe zu bringen.
208 Seiten, 241 Farbbilder
Bestell-Nr. 41447
€ 34,90/sFr 60,40/€(A) 35,90

Elizabeth Peplow
Im Reich der Pferde
Dieses wunderschöne Buch erzählt die Entwicklungsgeschichte des Pferdes, stellt Pferde- und Ponyrassen vor und beschreibt die Pferdesportarten. Kapitel über das Reitenlernen, die Pferdeausbildung, Haltung und Fütterung sowie das Verhalten der Pferde und ihre Gesundheit runden das Werk ab.
192 Seiten, 338 Bilder, davon 330 in Farbe
Bestell-Nr. 41363
€ 26,–/sFr 45,60/€(A) 26,80

Sibylle Luise Binder/Gabriele Kärcher
Wilde Pferde
Die Autorinnen machen Station bei frei lebenden Pferden. Ihre wunderschönen Aufnahmen und fundierten Texte vermitteln dem Leser einen faszinierenden Einblick in die Lebensräume dieser Tiere und eine Menge Wissen über Ursprung, Überlebenschancen, Arterhaltung und Schutzorganisationen.
160 Seiten, 125 Farbbilder
Bestell-Nr. 41464
€ 24,90/sFr 43,70/€(A) 25,60

Ihr Verlag für Pferde-Bücher
Gewerbestraße 10, CH-6330 Cham
Telefon ++41(0)41 740 30 40
Telefax ++41(0)41 741 71 15
E-Mail: info@mueller-rueschlikon.ch

Müller Rüschlikon

Stand April 2004
Änderungen in Preis und Lieferfähigkeit vorbehalten